小聰明（上）

劉興欽 繪著

劉興欽漫畫集②

鏡面除垢

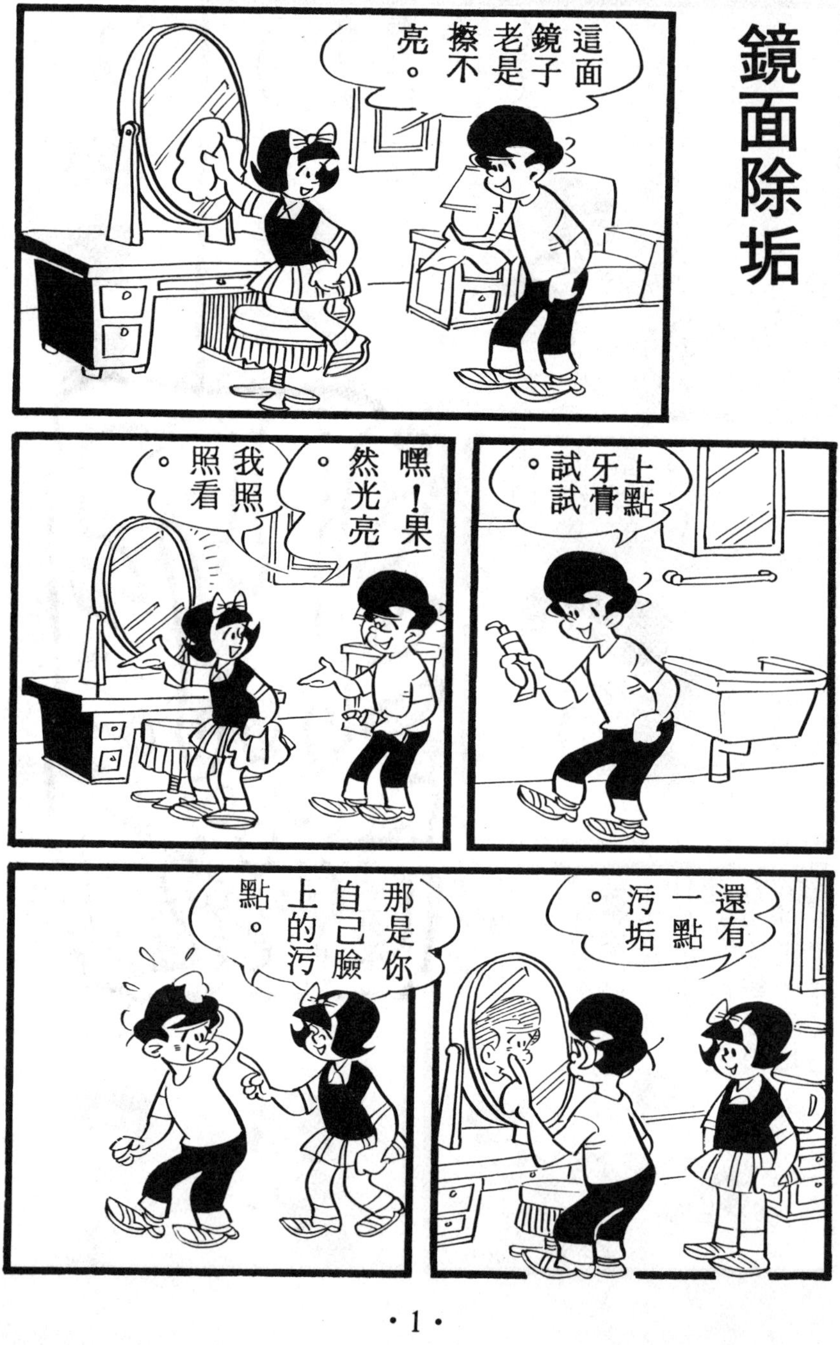

人與蜜蜂

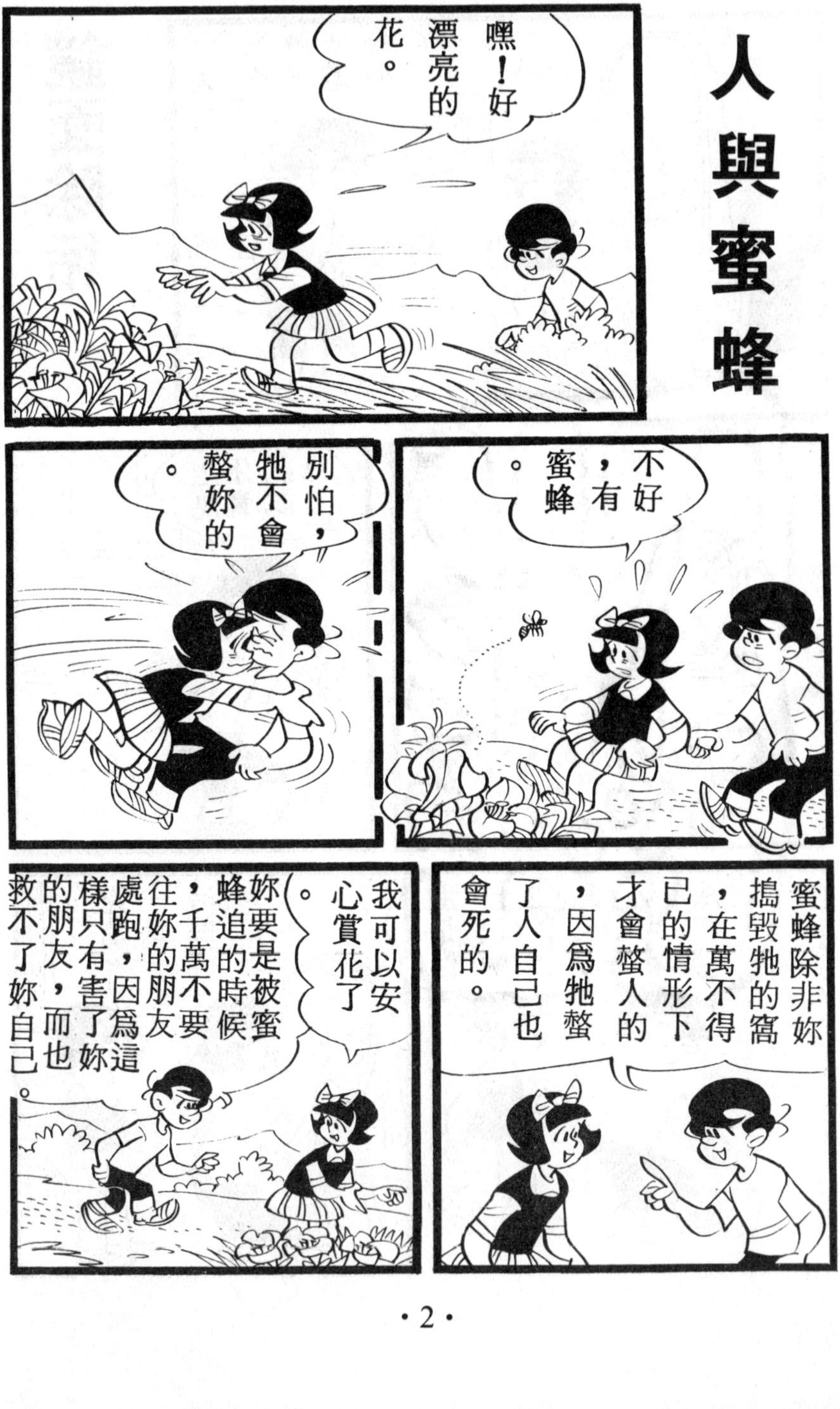
嘿！好漂亮的花。
不好，有蜜蜂。
別怕，牠不會螫妳的。
蜜蜂除非妳搗毀牠的窩，在萬不得已的情形下，才會螫人的，因爲牠螫了人自己也會死的。
我可以安心賞花了。
妳要是被蜜蜂追的時候，千萬不要往妳的朋友處跑，因爲這樣只有害了妳的朋友，而也救不了妳自己。

豆腐保鮮

你買什麼菜回來？
青菜豆腐。
青菜隨便放沒有關係，豆腐要浸在水裏。
爲什麼要浸在水裏？
這樣才能保持新鮮。
沒有東西可以裝水，我把它放在河裏。
被魚吃光了！

鑽石用途

他吹牛說：他那支割玻璃刀尖是鑽石的。
他沒有吹牛，那是真的。
那位礦工用的鑿岩機尖也是鑽石的。
爲什麼這些東西都要用那樣貴重的鑽石呢？
因爲惟有它的硬度才能割破玻璃和鑿碎岩石。

保護益鳥

哦！
對不起，我因爲打樹上的鳥而不小心……
就是因爲你喜歡亂打鳥，所以你家院子裏的樹枯死了兩棵。
爲什麼？
因爲鳥會吃樹上的害蟲。
我不應該再打鳥了。
小眞從不打鳥，所以鳥都喜歡飛到她家去，你看她院子的樹長得那麼茂盛。

防蛀妙方

謝謝你幫忙！
我要在這裏蓋棟草房。
這樣子不行，這根柱子很快就會被白蟻蛀掉。
靠泥土的地方最好是先用火燒一燒。因為白蟻不喜歡吃燒焦的木頭。
又得拔起來了。
沒關係！我幫你忙。

樹與環境

這棵路樹死了，我要補種一棵。
沒有用，這一棵也種不活。
為什麼？
在都市裏種的路樹，一定要用不怕煤煙和剪掉樹枝也不會枯萎的才行。
那麼要種什麼樹呢？
在臺灣各地有各地不同的路樹。
譬如：屏東種椰子，嘉南種芒果，新竹種楓樹、赤松，臺北中山路種樟樹。
我喜歡種芒果。
妳的本意不是要種路樹，而是想吃芒果。

熱氣反射

眞冷！
來，我弄電暖爐讓你們烤。
眞暖和！
不太暖！
根本就是冷的。
你應該坐在前面。
這跟普通火爐不一樣，它只能把熱往一個方向反射，所以不能坐在後面烤。
太擠了！爲什麼不把它改良成跟電扇一樣能轉動的？

茶與時間

因晚上有客人要來，我所以要泡好一壺茶放著。
茶不能放太久。
人家說茶過夜有毒，我又不等過夜。
並非過夜有毒。
是因爲茶裏的蛋白質經過長時間的放置，而變質腐壞。喝了對身體有害。
所以茶泡好了最好是馬上喝。
不但味美，而且有豐富的維他命。
你晚上可得早一點來幫我泡茶。

薰製木炭

小聰明，這是幹什麼的？
炭窰。
煤炭不是從地下挖出的嗎？
是薰木炭。
拿相思樹來燒火就好了，爲什麼還要燒成木炭？
當然有好處的。
使用方便而且沒有煙。
有煙有什麼關係？裝烟囪就行了。
冬天烤火或烤魷魚，妳怎麼辦？

養殖牡蠣

這海邊插了這麼多竹竿做什麼？是不是不讓人下去游泳？
這是養牡蠣用的。
牡蠣的幼貝像水蚤似的隨波漂流，在牠腳上有像絲的東西，碰到什麼就會纏著。
碰到竹子就會纏著竹子生長。
你樣樣都知道。
是由觀察和研究得來的。
對了，要是人人都不肯研究和觀察，我們就吃不到肥美的牡蠣了。

魚與氧氣

我的熱帶魚又死了一條。
天氣冷了，妳應該裝溫度調節器。
那麼金魚爲什麼不會死呢？
也快死了。
那得買兩個溫度器了。
金魚並不是怕冷，而是妳已經很久沒有換水了，缺乏氧氣。
你怎麼看的？
妳沒有看見牠口朝水面一開一閉嗎？
這就表示水中的氧氣不足，需要趕快換水了。

水土保持

陳叔叔，你這不是去年才修的嗎？
可是一場豪雨又崩下來了。
土質太鬆了。
可是我疊了石頭呀！
疊石頭不如種竹子。
對了，我那邊的桂竹園從來沒有崩過。
對，我要改種竹子。
將來還有竹筍可吃呢。

下棋消遣

我們來一盤棋消遣消遣吧！
不！
為什麼？
下棋得花腦筋。
訓練腦力是有好處的呀！
我的腦力要留著月考用。
頭腦和別的東西不同，越訓練越發達。
要是考不及格，可要找你算帳。

牙齒保健

我吃了一口冰棒，牙齒就痛。
妳有蛀牙。
趕快給牙科醫生檢查。
不要，聽說醫牙齒很痛，只要不吃冰棒就行了。
吃冷或吃熱的東西會痛，只表示牙齒剛開始蛀，不趕快治的話，以後就是不吃東西也會痛的。
對了，老師也常說：早期發現，早期治療。

葉子與呼吸

奇怪！我種的花怎麼老長不好呢？
妳大概懶得澆水吧！
我每天都澆水。
我看看是不是有病蟲害。
葉子髒了。妳看，上面蓋了一層很厚的灰塵。
這個對它的生長有影響嗎？
當然有了，葉子的氣孔被阻塞，便不能呼吸。
難怪街道上的樹木都長不好，灰塵太多了。
所以妳每天澆水的時候，最好也把葉子洗一洗。

植物種子

小聰明，你送我的種子根本不行嘛！我種了兩星期還沒有發芽。
我看看。
盆子裏一點水分都沒有，全是乾土，叫它怎麼發芽？
植物也和我們人類一樣，最需要空氣和水分。
讓它渴了這樣久，實在太可憐了。
水不要灌太多。
再不發芽的話，就表示你的種子壞了。
妳把它泡爛了，我可不管。

除臭妙方

請你把腳洗乾淨再進來好不好？
我已經洗過了。
穿膠鞋的臭氣很難洗掉。
來，我教你怎麼洗。
用這蘿蔔汁泡熱水洗洗看。
哈哈，果然不臭了。
對不起，你自己的腳也請洗一洗。

小工程師

奇怪，蜘蛛網能黏蝴蝶，為什麼不會黏住自己呢？
蜘蛛是工程師，不是笨蛋。
妳摸摸看，這直線沒有黏性，橫線才有黏性。
妳看，牠的腳都站在直線上。
的確很聰明。
比我差一點。
不要臉。
不對嗎？人人管我叫小聰明，而管牠叫蜘蛛。

愛惜手錶

小聰明，你看我新買了一隻手錶。
妳得愛惜它。
手錶最忌灼熱。
手錶更不應該放在收音機旁邊。
爲什麼？
因爲收音機裏有磁鐵，手錶要是導了磁性，就走不準了。
要保護手錶，最好是避免灼熱、冰凍、酸鹼性、磁性等。
眞麻煩！
所以小孩子最好不要帶好的手錶。

分辨蛾蝶

小聰明，快幫我看這隻是什麼蝴蝶？
這是蛾，不是蝴蝶。
你怎麼一看就知道呢？
靠平時的觀察和研究。
請你教我好嗎？
第一，蛾停下來時，翅膀是展開的，而蝴蝶是合閉的。第二，蛾的鬚是細的，而蝴蝶的鬚是外端粗大好像球棒一樣。
肯請教別人，是學習的最好辦法。

皮膚過敏

不來了，削過芋頭後，手癢得很。
皮膚過敏。
好癢呀！怎麼辦呢？
不要擦，越擦越癢。
到火爐邊烤一烤就會好。
果眞不癢了。
別烤太久。
我有過敏症，不能削芋頭了。
挖糞坑也需要人。

求生本能

上面有很多漂亮的甲蟲。
你這樣子爬上去，一隻也捉不到。
呀！果然都飛走了。
我看你是怎麼捉的？
你這樣猛搖，牠們都掉下來了。
牠掉在地上裝死，連動也不動，這是爲什麼？
保護自己，因爲很多動物不吃死掉的東西。

蚯蚓與土

眞好玩，下過一場雷雨以後，地上就出現很多小洞。
是蚯蚓的傑作。
開了很多洞，但卻看不見牠爬出來。
牠的目的不是要爬出來，而是要讓水流進去。
因爲地面上的水很容易蒸發掉，所以要鑽孔讓水流下去，以便儲存起來使用。
因此，蚯蚓會使泥土鬆軟肥沃，是一種益蟲。
照你這樣說，我們吃飯的時候，除了要感謝農夫以外，還得感謝蚯蚓囉！

油與電流

客廳的電燈一會兒亮，一會兒熄。
可能是電擊壞了。
點一滴滑潤油看看。
糟糕，現在反而不亮了。
小聰明！
一定是接觸不好，只要稍微弄緊就行了，絕不能加滑潤油，因為它是不通電流的東西。

冷縮熱脹

把鐘擺調整高一點，鐘就會走得快。
要這樣調整，多麻煩。
我不懂為什麼做鐘的時候，不把它固定好呢？
那不行，因為鐵在夏天會伸長，冬天會縮短。
就像鐵軌的交接處，都要留空隙一樣。

分辨眞僞

請你幫我化驗一下，這瓶蜂蜜是眞的還是假的。
很簡單。
小聰明實驗室
倒一點在湯匙裏，然後投入點燃的火柴，冒氣的是純品，冒煙的是劣品。
冒氣了，是純品。
不錯，是好蜂蜜。
已經實驗過了，你還倒在杯子裏做什麼？
我要嘗嘗。
純粹是揩油嘛！
利用機會才算聰明。

心理作用

天太黑了，我不敢走。
路很平坦，你白天走得很熟，不是嗎？
那是白天，現在黑夜就不同了。
還是跟白天一樣嘛！
黑夜只不過是東半球背著太陽而已。
我怕有鬼呀！
只要是小聰明的朋友，鬼都怕他。
我是小聰明的朋友。
怕黑完全是心理作用。

分類存放

請你等一下，我還沒有找到浮標。
怎麼找這樣久？
我看你到天黑，還是找不到。
東西應該分門別類，按一定地方存放，要用時才容易找。
算了，我看你今天最好別去釣魚，好好地在家把東西整理好吧！

塑膠靜電

妳在裝水以前，怎麼不洗？

我昨天才洗乾淨的。
還是應該再洗一下。
尤其是這種塑膠製的水壺。
因爲塑膠是帶有靜電的東西，會把周圍的塵埃吸過來。
想偷懶總是不行的。

空氣收縮

蓋子不容易開。
小心點兒，湯還很熱。
這是因爲熱湯，冷卻時碗內的空氣收縮，於是外面的壓力就變大了起來，蓋子就難打開了。
所以先把蓋子弄歪一邊，先讓一些空氣進去。
妳看，現在開起來就容易了。
謝謝你教我！
謝謝妳請我吃粥。

觀察魚齡

這條魚這樣大，不知道是養了多久？
我看看！
你要怎麼看？
看魚鱗。
牠跟樹一樣，有輪年。
這條魚三歲。
人的年齡怎麼看呢？
看身分證。

毛刷保養

這支毛刷只用過一次就壞了。
是蟲蟻蛀壞的。
是妳上次用完後，沒有保管好的關係。
要怎麼保管呀？
因爲用過的毛刷最容易被蟲蟻蛀食，所以用完洗淨後，要裝進塑膠袋裏，然後把袋口紮緊。
這樣不但能防止蟲蟻的蛀蝕，而且還能保持刷鬃的柔軟。
討厭，你上次爲什麼不來幫我忙？
今天來還不行嗎？

安全措施

糟糕，小玲從裏面把門鎖上了。
這是很危險的。我從窗口爬進去。
平時不用的時候，最好把鑰匙收起來。
還有，用膠布把鎖孔貼起來，免得小孩把雜物塞進去。
的確是好辦法。

煮蛋防破

我今天過生日。
你進來，我煮蛋請你吃。
糟糕！我煮的蛋全破了。
妳不能等水開了，才把蛋放進去。
我想，用開水煮比較快一點。
蛋應該和冷水同時放下去，或是在沸水中放些鹽，或滴一點醋，就不會破了。
不過，請我吃的，破了沒關係。

調製蛋糕

你來得正好，我做蛋糕請你吃。
有口福！
慢一點加水。
應該先把糖和麪粉攪勻，再倒水進去。糖遇水即溶化，很容易調勻，不致弄成一團。
你比我們女生還內行。
糖果店、餐廳的大師傅都是男人呢！

冬天落葉

你教我種這些花卉，簡直白費力氣。
爲什麼？
除了松樹以外，你看，全枯死了。
沒有枯死，只是在冬天落葉。
妳看枝頭上都有芽，不是嗎？春天就會長出嫩葉子來。
那棵松樹怎麼不會落葉呢？
它是長青樹。
幸虧我沒有拿它當柴燒。

腥味來源

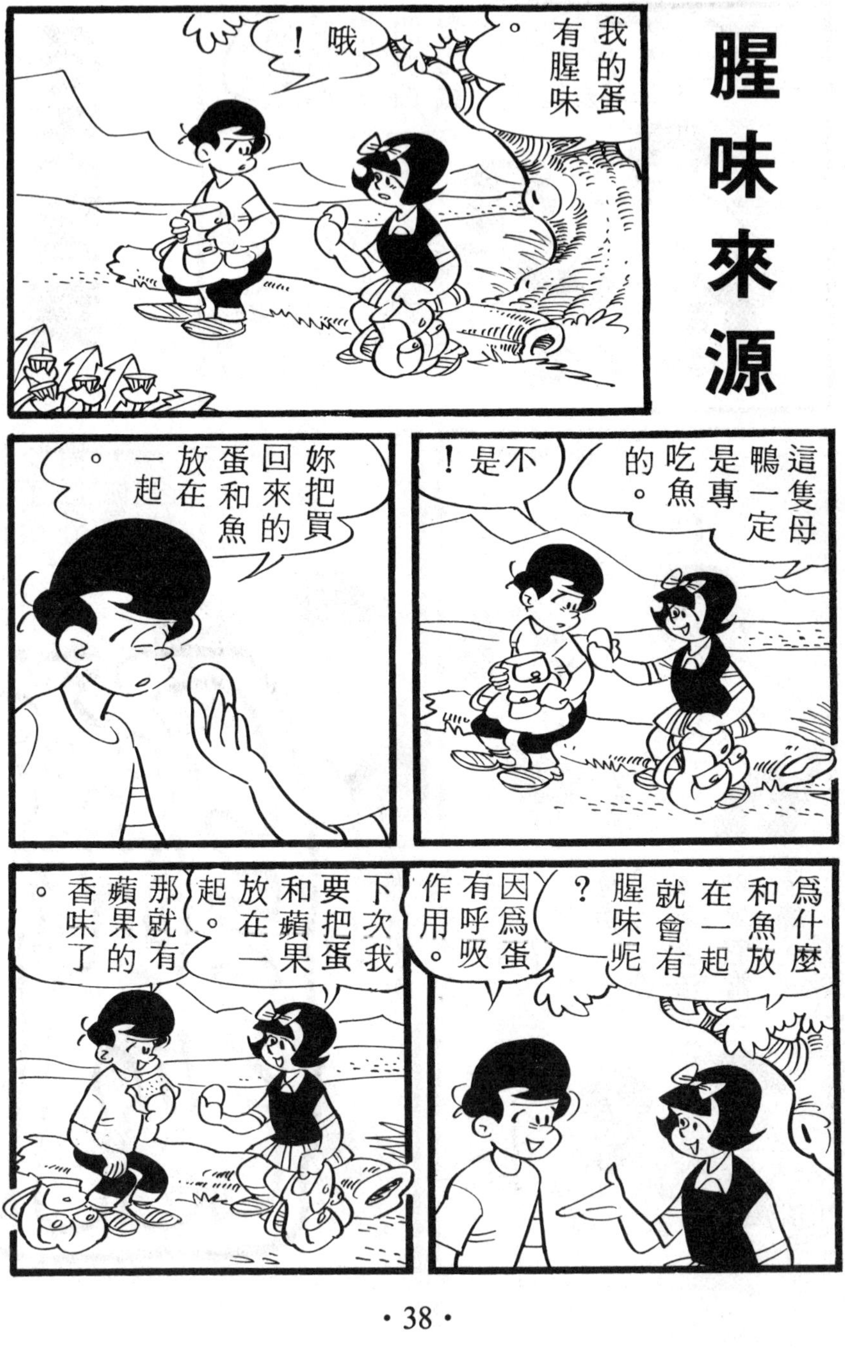
我的蛋有腥味。
哦！
這隻母鴨一定是專吃魚的。
不是！
妳把買回來的蛋和魚放在一起。
為什麼和魚放在一起就會有腥味呢？
因為蛋有呼吸作用。
下次我要把蛋和蘋果放在一起。
那就有蘋果的香味了。

新筆處理

這筆尖好討厭！不是水不出，就是整滴滴下來。
是新筆尖吧！
有辦法改良的。
用火燒？
但不能燒太久，不然會減低彈性。
因爲我把新筆尖上的油燒掉了。
現在好用多了。
再用紙擦擦一擦。

太陽消毒

我的棒球手套怎麼變成白色的？
發黴了。
快拿出去晒太陽，不然你的手套很快就會爛掉。
爲什麼晒乾了就不會發黴呢？
乾燥的東西黴菌無法發揮它的作用。
我的腳也應該晒太陽了。
爲什麼？
長了香港腳。
香港腳也是黴菌在作祟。不過，晒太陽治療無效，必須保持乾燥，而且要經常塗藥。

空氣與水分

同樣是你給我的油菜種子，你的長得又綠又粗。
我去看看妳種在什麼地方。
妳種在這照不到陽光的地方，當然長不好。
它已經有足夠的水分和空氣。
還需要充足的陽光。
趕快端出去晒太陽。
人也是一樣，要是不做戶外運動，也會面黃肌瘦。

恢復原狀

這些魚是我在浮萍池裏捉到的。
我不相信。
不相信我帶你去看好了，那池裏的浮萍都被我弄翻過來了。
哈哈！你騙人，浮萍都好好地，一點都沒有翻過的痕跡。
爲什麼吵架呀？
因爲……
翻過來的浮萍會很快地自動翻回原狀的。
謝謝你幫我作證，否則被人認爲騙子，事情就嚴重了。

開發種子

一定要選擇好的種子，才能種出好的稻子。
要怎麼選？
在一公升的水內，放進十三公分的食塩，然後把它拌攪均勻。
再把穀子倒進去攪和。
等到明天，把浮在上面的，棄掉，沈在下面的便是好種子。
你比我們農人還有研究。
不要誇獎，豐收的時候請我吃湯圓好了。

虛驚一場

阿忠，不可以游得太遠。
放心，我是將健呀！
啊！不好！
章魚纏著我的腳！
救命呀！
是海草嘛！
他緊張過度，所以腳抽筋。
凡事應該冷靜，不要窮緊張。
還是在淺的地方游泳，來得安全。

栽種菊花

你的菊花長得好美呀！給我一些花種好嗎？
拿去吧！
你給我一片葉子，要怎麼種呀？
我就是用葉子種的。
植物有各種不同的繁殖方法，如播種、插葉、插根等法。
對不起！我以為你在開我的玩笑哩！
只是妳的常識不夠。

絲瓜藤水

小聰明，沒有辦法，這裏找不到一點乾淨的水。
我看見那邊有絲瓜藤。
我們要的是水，你找絲瓜藤做什麼？
把絲瓜莖切斷，它就會流出水來。
這種水能喝嗎？
清涼止渴，給中暑的人喝最好不過。
不但能喝，還可以做防腐劑和化妝品哩！

廢物利用

妳爲什麼把塑膠桶也丟掉了？
已經破裂了。
還很新嘛！丟掉太可惜了。
拿回去補一補，還可以用！
用什麼東西補呢？
裏裏外外，多貼幾層膠帶。
很方便嘛！
妳看，照樣可以裝一點水，也不漏。
可是水桶工廠一定不高興。

後視鏡

啊！又撞上了。
划船得老回頭去看，不太方便了。
想辦法改進呀！
駕駛汽車的人，都要裝這面鏡子來看後面。
把這鏡子裝在船尾上，不就行了嗎？

保護眼睛

我最近時常感到眼睛疲勞，給醫生檢查，醫生卻說我沒有毛病。
我看看妳的環境。
環境跟眼睛有什麼關係？
跟光線有關係！
妳這日光燈該換了。
它還會亮呀！
可是它不斷的跳動！
這就是使妳眼睛疲勞的原因！

保護羽毛

牠太髒了，我用肥皂粉幫牠洗洗。
不行，牠會凍死的。
牠整天泡在水裏都不會凍死，爲什麼幫牠洗澡就會凍死？
鴨子是靠羽毛保護身體，使水不能浸到羽毛下的空氣，所以牠的皮膚才又乾又暖和。
牠的羽毛又是靠尾部背脊裏的皮脂線分泌出的脂膏保護。妳現在把那些脂膏洗掉了，鴨子就不能保持體溫了。
快用電熱器烘一烘。
小心別把牠烘成烤鴨了。

叉子妙用

哎呀，糟糕！
什麼事？
我想把鈕釦剪下來，結果不小心把衣服剪破了。
我教妳一個安全的辦法！
用這個西餐叉子插進鈕釦和衣服的中間，然後再剪，就萬無一失了。
這個方法不錯嘛！
不要以為叉子只能吃飯用。

熱升冷降

小聰明，不要走，我烤番薯請你吃。
我沒有時間了。
糟糕，還沒熟。
你放在火底下，怎麼會熟呢？
火焰是向上的，所以一定要放在上面烤才會熟，要冷凍的東西才是放在下面。
哈！真的很快就烤熟了。
謝謝你，這番薯真好吃。

用水取火

糟了，忘記帶火柴，又沒有凸透鏡，怎麼取火？
學蒙古人鑽木取火呀！
不必了，我們用水取火。
水怎麼能取火？
利用這個透明塑膠袋裝一點水。
跟凸透鏡一樣，能集中太陽的焦點。
你看下面的草，開始冒煙了。
幸虧小聰明來，不然我們就吃不成飯了。
可是你們只分給我半碗。

速度與壓力

我不喜歡冷氣，我喜歡自然風，小聰明，把窗子打開好不好？
不行，現在車子跑得很快，開窗有危險的。
有什麼危險？
可能會把妳捲出去。
因爲車子在高速行駛時，車外的壓力低，要是開窗，車內的空氣會被吸往到較低的外面去。
我們換個位子好不好？我怕萬一玻璃會破。

預防中毒

這是昨晚燒好的。
最好不要吃，恐怕會中毒！
看起來好像沒有壞，倒掉太可惜了。
嗯！
放下去煮一煮再吃吧！
煮一煮，就不會中毒了？
中毒是細菌作怪的，只要把它殺死就行了。
不管什麼東西，只要煮一煮就能吃了。
不行，比如河豚和菇類它本身就有毒，所以千萬不要吃。

預防煙害

討厭的煤煙，把我的衣服都弄黑了。
奇怪！煤煙是氣體，怎麼會掉下來弄髒人的衣服呢？
物體在燃燒時，有一部分沒有燒盡，而變成碳素黑粒，這些細微的碳粒飛上去便成了煙。
掉下來就弄髒衣服。
被我們吸進肺裏頭，還會妨礙我們的健康。
所以較進步的工廠，就想辦法拿那些煙再燃燒，這樣一來，既不浪費，又不會損害我們的健康。

茶的妙用

我每次來都看妳在工作，眞是一個好孩子。
這張茶几老是擦不亮。
用一些隔夜的冷茶擦擦看。
擦完了再用乾布擦。
嘿！果然光亮如新！
你坐我去泡茶，請你請
妳不妨多留一點泡著，明天擦桌子。

擦拭牆壁

弟弟用蠟筆在壁上亂塗，洗不下來，怎麼辦呢？
跑得這樣快，我以爲要請我吃飯哩！
用汽油試試看。
你看，我洗半天了。
可以洗掉。
還有一點點痕跡。
等乾了以後用沙紙擦一擦就行了。
謝謝你！

對付老鼠

哇嚇死了人！
妳幹什麼？
我房間裏又進了一隻大老鼠。
再大妳也沒何必大怕牠，？
從這個洞進裏來的。
怎麼辦呢？
是的，以後牠絕不敢從這裏進來。
下次妳剪頭髮時，帶回一些來放在洞口。
老鼠怕頭髮！

保持水分

妳種的花好漂亮呀！
天天澆水，太麻煩了。
其實用不著天天澆水。
不行，不澆水花就會枯死。
我教妳一個辦法。
種花前先在盆底放一塊海棉。
對了，海棉能保持水分。
這樣就不必每天澆水了。
你早告訴我就好了。

塑膠怕熱

小心！會把背包裏的碗碟壓破了。
這次我全帶塑膠的，壓不破。
最討厭的工作就是洗這油膩的碗碟。
乾脆放在這裏煮一煮比較容易洗。
啊！全變形了！
塑膠製品就是怕熱。
要命！
東西很少有十全十美的。

教訓弟弟

弟弟老喜歡亂跑，一定會迷失。
該教訓教訓他！

故意躲起來，讓他找不到我們。
姊姊！
看你以後還敢亂跑嗎？
你別拉得這樣緊好不好？
他不敢放鬆了。

消除噪音

砰！
你怎麼不輕一點？
對不起，我不曉得妳家紗門打在門框上的聲音會這樣大。
我幫妳改良一下。
做一個毛線球，釘在門板上。
妳看，不響了。
你眞有一套。

品種改良

這是牽牛花。
跟你家裏種的不一樣嘛！
其實都是一樣的。
不過，你家園裏的花，五顏六色，美多了！
那是經過人工改良的。
像稻麥、蔬菜、水果，原來都是野生的，經過百年來的改良，才變成現代的好品種。
將來的稻米可能像雞蛋一樣大了！
很可能。

無線電波

坐遊覽車旅行眞好，欣賞風景外，還能收聽美妙的音樂。
車掌小姐！這首曲子很好聽，爲什麼把收音機關掉呀？
不是車掌小姐關掉收音機，是過鐵橋的關係，收音機收不到廣播。
這是爲什麼？
因爲鋼橋的構造，使得汽車通過鋼橋時，電磁場等於零。
加上沒有地面做導體，所以無線電波，不能走到收音機來。
過完鐵橋就能聽到了。

茶杯顏色

這茶杯是我選購的，你看漂亮嗎？
花紋太多，顏色太深，形狀過於細長。
這樣不是比較美觀嗎？
顏色太深，杯子髒了看不出來；杯形細長，手指伸不到杯底，不容易洗滌。
我看，你沒有藝術眼光。
藝術眼光留在買花瓶時再用，購買杯子，應該是適用第一。

替貓洗澡

你爲什麼要替貓洗澡呀？
我看牠時常在太陽底下舐毛，一定是身體太髒。
牠是在吃丁種維他命。
人類作日光浴，可以從皮膚上吸收丁種維他命，但是貓有毛阻隔，所以要靠毛來吸收丁種維他命。
再用舌頭舐毛上的油，吸取丁種維他命。
那替牠洗澡，等於妨礙牠的健康了。
毛上的油洗掉，就沒法兒吸取丁種維他命了。

摘果子

這棵龍眼樹太高了，摘不到！
我回去拿長竹竿來打。
你打我撿！
一打就掉下好多。
果樹不能用打。
因為果子是結在短枝上的，要是打斷或打傷，明年就不再結果子了。
我去拿長剪刀來剪。
差一點兒，我們明年就沒有龍眼吃。

鞋油與醋

這鞋油乾掉了，不能用，丟掉算了。
太可惜了！
不能用的東西，不丟掉，還留著幹什麼？
有辦法使它變軟。
放醋！
又能用了。
省下的鞋油錢，應該請我吃糖。
你不怕牙齒痛嗎？

養蚯蚓

上次買的紅蚯蚓，剩下不多了。
把它切成幾段，養一些時候，就變成很多蚯蚓。
蚯蚓的每一環節，都會單獨變成一條新的蚯蚓。
切斷不就死了嗎？
這樣就會繁殖得更快。
再放一些果皮給牠當食物。
過幾天，再也不愁沒有蚯蚓釣魚了。

蘋果的顏色

蘋果
蘋果挑不出一個全紅的。
全紅的就不新鮮了。
由於太陽晒到蘋果的一面，因此產生花青素，所以呈現紅色，背太陽的一面就不紅了。
為什麼全紅的就不新鮮呢？
因為蘋果摘下來，放久了水分就減少，糖類慢慢分解，變成果酸和糖分，在細胞液中，產生紅色的花青素，而使得蘋果更紅。
到家我請你吃半個。
這次教人，算是有代價了。

預防變色

小莉，妳搞什麼鬼嘛！
你沒看到我的新鞋子嗎？
哦！是繡花緞鞋真漂亮！
我要留到過年再穿。
妳要打赤腳回去？
這張白紙給我包好嗎？
我給妳一張黑的。
小器鬼！捨不得給一張白紙。
黑紙可以防止鞋子變色。

雞的健康

媽要我去買母雞，回來生蛋。
我陪你去。
那隻大的好。
不！這隻小的好。
你怎麼看呢？
這隻雞冠比較鮮紅。
雞冠鮮紅是血液循環良好，身體健康的表示，健康的雞，當然生蛋多。
好在請你一起來。
好處不只這個，要是沒有我來，這隻雞妳就得自己提。

不再長大

我要它快一點兒長大，好乘涼。
它是不會長大的。
我看過這樣很高的竹子呀！
種類不一樣。
這種竹子，就只有這樣高，再也不會長粗了。
爲什麼樹會長大，而竹子不長大呢？
竹子是單子葉植物，莖內沒有形成層組織，所以長成後，就不再長粗了。
還是澆這棵樹，比較有希望。
眞現實！

塑膠杯子

你怎麼喜歡用塑膠杯子？
經濟耐用！
你看我家的杯子，我用開水又用肥皂洗過了幾次，還是有臭味。
可是有一種臭味，很難聞！
洗滌得法，就不會臭。
用醋加上酒精的混合液。
沾在脫脂棉花上擦拭，臭味就可以消除掉。
酒精
醋

借用橡皮

阿文，借橡皮我。
小莉，我自己要用了。
吃不消！
你把我的橡皮切成兩塊？
一個人一塊，這樣就省得傳來傳去的麻煩了。
不要生氣，橡皮小塊比大塊好用。

電冰箱

我請你喝果汁。
怎麼啦？
哦！魚腥味好濃。
你應該把氣味強烈的東西，用塑膠袋裝好，放在最上層。免得薰染到別的食物。
剛買回冰箱，所以沒有經驗。

蛋呼吸

來亨雞生蛋了，我請你吃蛋。
這個蛋有洋葱的味道。
奇怪了！我沒有用洋葱餵雞呀！
一定是蛋和洋葱放在一起。
蛋吸收了洋葱的辛味。
蛋類也具有呼吸作用的，特別是對辛味的吸收作用很强。

克難洗碗

碗油膩膩地，沒有肥皂根本洗不掉。
用這個洗。
怎麼一洗就乾淨了，這是什麼水呀？
洗米水！
你怎麼會把洗米水留下來？
我知道用得著它。
同你一起露營最放心。
靠人不如靠自己！

葉子變色

我昨天在路上，採了一片顏色很漂亮的葉子。
拿出來看看！
哈哈，吹牛！根本就是一片難看的黃葉子。
我採的時候，明明是一片很多色彩，很美麗的葉子嘛！
我不信！
我相信！
因為葉子一經採下來以後，得不到養分，葉綠素就會分裂，變成黃色的複合物。

果子與養分

我種的橘子，今年結了很多。
明年就少了。
你爲什麼說不吉利的話？
這是實話。
結果子多，消耗的養分也特別多，這樣一來，明年花芽就減少，所以結的果子，自然也就減少。
明年沒有橘子吃了。
有方法補救的，今年多施一點肥。
明年我再請你吃。
謝謝！

擦玻璃

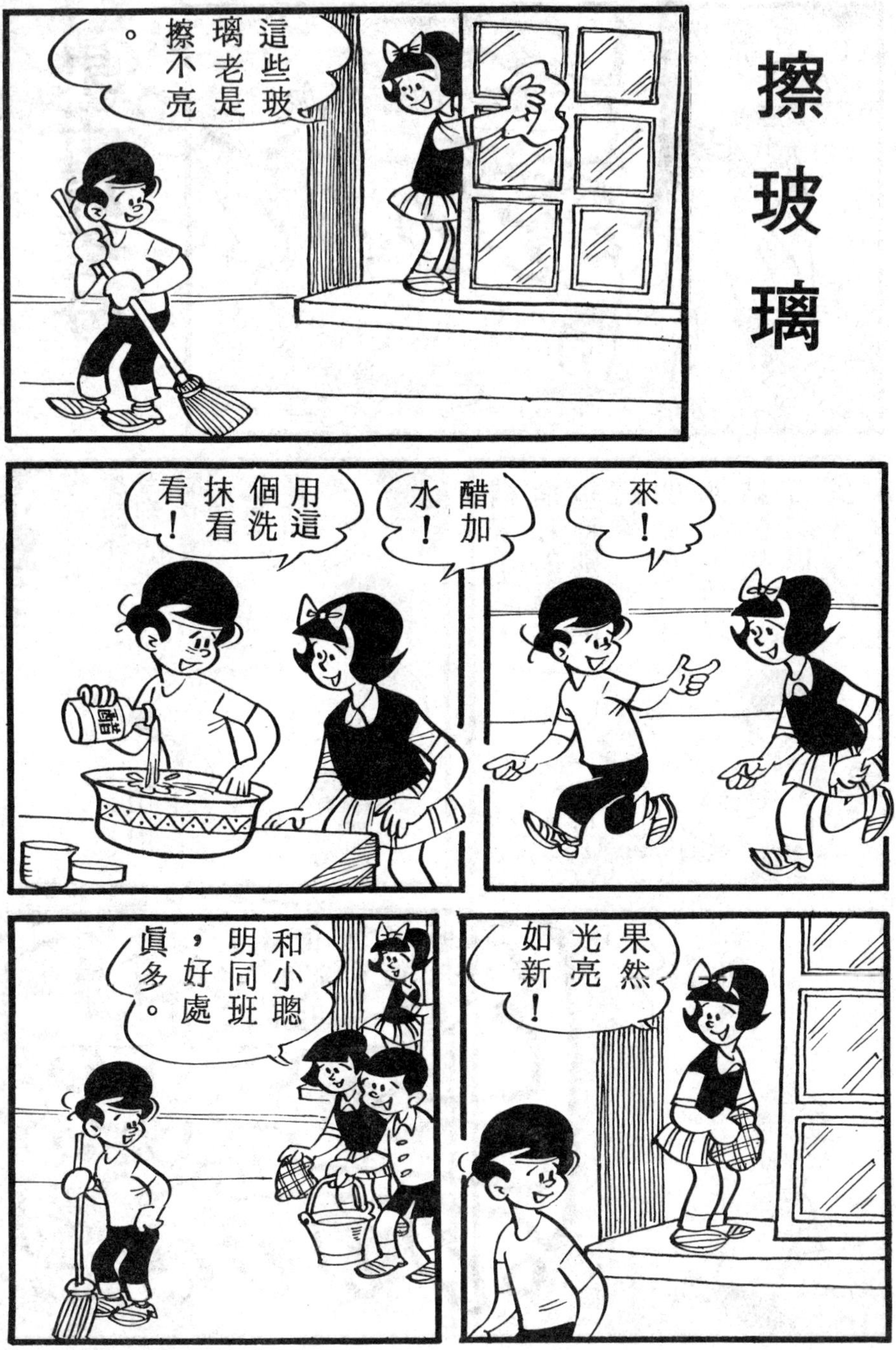
這些玻璃老是擦不亮。
來！
醋加水！
用這個洗抹看看！
果然光亮如新！
和小聰明同班，好處眞多。

蚯蚓肥地

這蚯蚓眞討厭，一下過雨，就在地上打洞。
他替你儲藏水分，你應該感謝牠。
爲什麼？
因爲牠需要水分做養料，所以牠要打洞，使地上雨水流到土壤裏儲藏。
水分就不容易蒸發掉。你種的這些花，就會長得更好。
那麼牠是對我們有益了。
同時牠還是肥料的製造者。
那我應該好好地愛護牠才對了。
是的！

修理拉鏈

幹什麼發那麼大的脾氣？
這條拉鏈拉不動。
夾著衣服，當然拉不上來。
氣死了！
你應該先往下退一點。
你看，不是拉上來了嗎？
謝謝你！
凡事都應該冷靜地想，發脾氣是無濟於事的。

雞洗澡

這隻雞老是喜歡泥沙。
我要把牠關在籠子裏。
那會妨礙牠的健康。
牠不是玩泥沙，而是在洗澡。
因爲牠在泥沙裏這樣打滾，使塵土飛揚，空氣混濁，藏在雞身上的蟲，就不能呼吸，以致被悶死。這樣就不危害到雞鴨的身體了。
所以雞舍千萬不能用水泥地板。

克難鞋油

媽，鞋子沒有擦。
家裏沒有黃色鞋油。
用這個！
橘子皮！
不要樣樣事都找媽媽，能做的事，應該盡量自己做。
果然亮光！
小聰明眞是個標準的好孩子。

蛤蜊去沙

我燒的蛤蜊不錯吧！
只是沙子多了些。
這是沒辦法的。
有辦法！
這裏還有一些，讓你來弄吧！
把牠養在清水裏。
已經養一天了。
應該放一件鐵器。
這樣子牠就會把泥沙全部吐出來。
眞有趣！

自來水管

我不要用鉛管，鉛不是有毒嗎？
不會的！
鉛做的器皿盛東西，不是會中毒嗎？為什麼可以做自來水管？
那是鉛和醋酸、氧氣、二氧化碳相接觸，就會產生鹽基的碳酸鉛，溶解水後，就成為有毒的鉛游子，但是鉛用來做水管就沒有這毛病。
鉛受濕氣作用，就產生氫氧化鉛，它和天然水中所含鈣的硫酸鹽和酸性碳酸鹽接觸，又起了作用，會變成不溶性的硫酸鉛和碳酸鉛，不但無毒，還增加鉛管的耐用性。
我只知道鉛管軟好工作。

盆花加肥

我種這棵樹，卻越來越小。
養分不足！
要加什麼肥料呀？
有別的辦法！
地上挖個洞。
連花盆一起埋下去。
為什麼要這樣？
這樣它就能吸收到更多的養分。
需要用的時候，再連盆子一起挖出來。

偶數成因

我又有新發現了！
眞了不起！
發現什麼？
玉蜀黍的行數都是偶數，沒有單數的。
我不相信！
我相信！
爲什麼？
好在有小聰明幫我說話。
玉蜀黍雌穗都是成對的。
是自然現象，沒什麼稀奇。
一些發明，都是從這些平凡的事情，去找疑問的。

昆蟲與花

小聰明，我發現了一樣好玩的事。
什麼事？
你看，那蝴蝶專喜歡在那朵黃色的花裏採蜜，而蜂卻喜歡在白色的花裏採蜜。
能這樣細心觀察，眞是了不起。
因爲各種顏色的花，代表著各種不同味道的花蜜。昆蟲可以看花的顏色，找牠自己喜歡的味道。
你比我更了不起！
這是從書上看來的。

擦銀杯

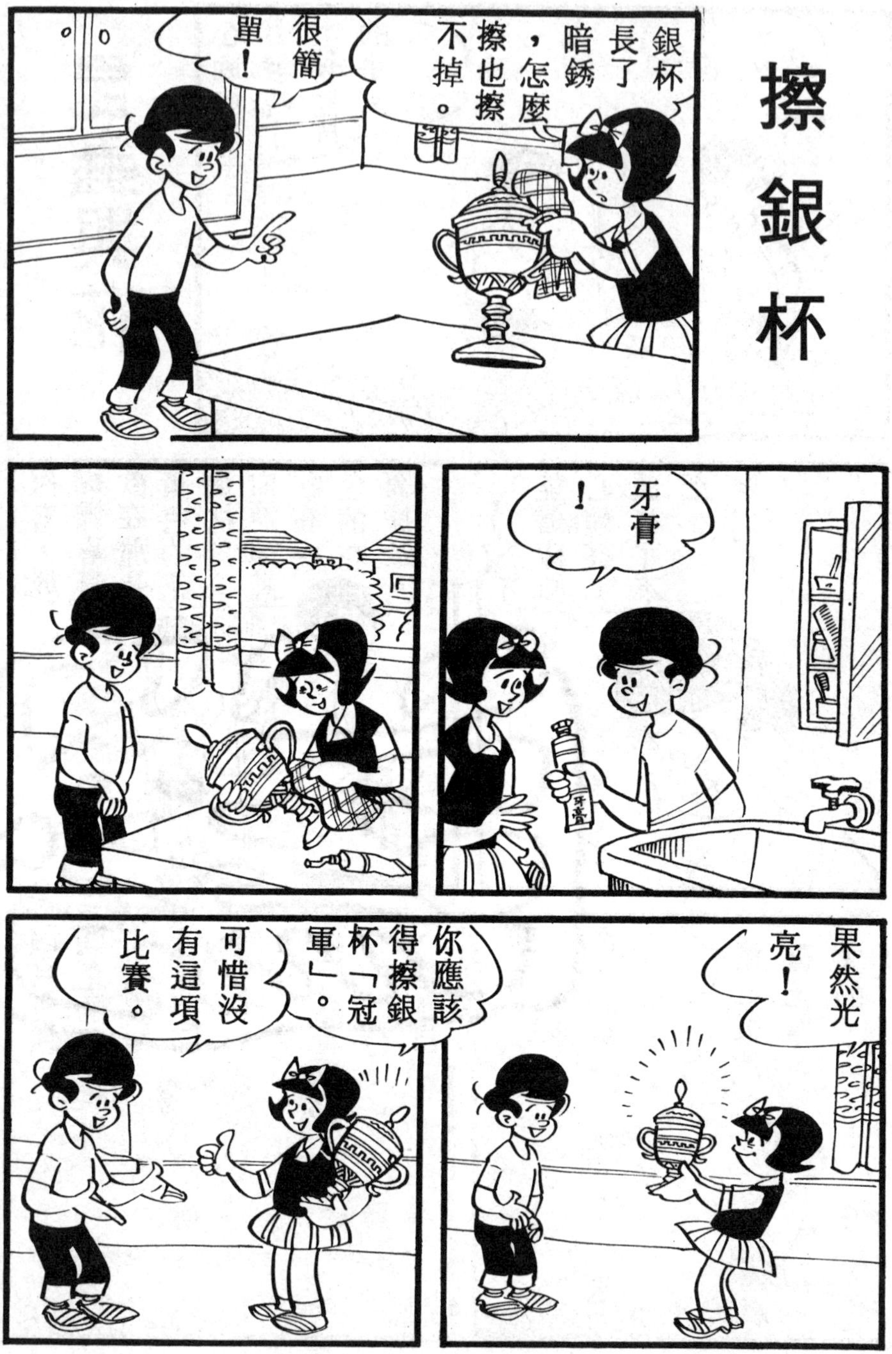
銀杯長了暗銹，怎麼擦也擦不掉。
很簡單！
牙膏！
牙膏
果然光亮！
你應該得擦銀杯「冠軍」。
可惜沒有這項比賽。

更換燈泡

危險！你在幹什麼？
換燈泡！
快下來，這方法太不科學了。
我不相信你有更好的辦法。
把燈泡用厚紙板這樣捲起來，再用橡皮圈縮著。
先把舊的取下來，換上新的。
很方便嘛！
凡事只要多用腦筋想，一定會有好方法的。

救小鳥

小聰明！快把捕蝶網借我。
爲什麼這樣緊張？
小聰明實驗室

一隻鳥落到井裏，我怕牠飛走。
你放心吧！牠很難飛得出來。
再飛上來一點，就能捕到。
奇怪！牠爲什麼飛不上來呢？
因爲鳥能向前飛，是靠翅膀下面氣流的幫助，氣流不是上下流動，所以鳥沒法直升的飛。
井
糟糕！牠每飛一次，就掉得更深。
牠可能永遠飛不出來。

醬油防霉

姨媽送這一瓶醬油發白霉了。
眞可惜！
有沒有麻油？
有！
加上幾滴麻油。
這樣就不會長白霉了。
麻油味道也很好。
變成特製醬油了。

書夾烟葉

小聰明，那本百科全書借我好嗎？
小聰明實驗室
拿去吧！
你也是一個頑皮學生。
爲什麼？
在書本上夾著這亂七八糟的葉子。
那是烟葉！
這樣可以防止發生蛀蟲。
哦！對不起，我錯罵你了。

尼龍絲襪

糟糕，尼龍襪又被指甲鈎破了。
媽，妳爲什麼不先戴上手套再穿？
對了，我怎麼沒想到呢？
眞好用。
我認爲只要動腦筋，什麼困難都能解決。
好孩子，媽一定買糖果回來給你吃。

墨水與鋼筆

小聰明，你來得正好，快幫我修理鋼筆，又不出水了。
鋼筆沒有壞，是你的墨水不好。
是好墨水，才買不久。
你看有沉澱了。
爲什麼這樣快？
墨水要用紙盒裝好，不要給陽光照到，不然就會很快起化學變化，發生沈澱。
最好是用紙盒裝好，收到抽屜裏。
我以爲盒子是沒有用的。

自製冰棒

我要請你吃我做的冰棒。
奇怪怎麼不甜？
糖放少了。
可是上次我燒咖啡時，一杯水也是放一湯匙糖呀！
因爲甜味在熱時比冷時强，因此作冷飲時要多放一些糖。
我現在去加糖
冷的東西加糖是不會溶解的，不必加糖，再兩口就吃完了。

牛乳檢驗

小聰明實驗室
小聰明，幫我看看這瓶牛奶有沒有壞？
滴一滴在藍色試紙上就知道。
你看試紙變成紅色的，這表示牛奶壞了不能吃。
要是沒有藍試紙怎麼辦？
用鼻子聞，不能吃的東西多半有臭味。
善用鼻子就是預防食物中毒最簡便的方法。

防雪衣

合歡山上下雪很冷呀！
沒關係，我有皮衣和雨衣。
雨衣是塑膠做的，這不太好。
爲什麼？
塑膠雨衣遇冷就變硬很容易破裂。
沒關係，底下還有皮衣哩！
皮衣遇到下雪，比棉毛衣更容易濕。
那我就沒有衣服可穿了。
不過，皮衣要是擦上生雞油，那就好用了，既柔軟又不怕雪。
正好，媽媽今天殺雞有雞油。

對付蝸牛

你送的瓜苗，被蝸牛給吃光了！
蝸牛最喜歡吃瓜苗。
想辦法圍起來。
沒有用。

使用農藥！
農藥有毒，小孩子最好不要玩。
毫無辦法！
用鹽！
周圍灑一點鹽
這樣牠就不敢來了。
蝸牛最怕鹽。
前幾天，要是先灑一點就好了。

梳子妙用

哦！痛死了！
你的方法不好。
你看，利用舊梳子先把鐵釘穩住，就不會傷到手了。
想不到這樣好用。
做任何事先用頭腦想一想，總會有好辦法的。

新牙刷

新牙刷不要立刻使用。
先泡一杯鹽水浸一浸。
爲什麼呢？
一方面是消毒，一方面可以使牙刷耐用。
塩
現在可以放心刷了。
刷牙也不要太用力，把琺瑯質刷掉容易蛀牙。
想不到簡單的刷牙就有這樣多的學問。

保持清潔

不要走，我燒一道拿手好菜請你吃。
走的人是傻瓜。
最傷腦筋就是這油瓶，外面總沾滿油，連拿都沒法拿。
倒完油以後，瓶口總留有幾滴油珠順這瓶子往下流，使得瓶子外面底下都是油。連放的地方也會弄髒。
動動腦筋總有辦法改善的。
用一疊衞生紙摺成長條，繫在瓶頭上，這樣就會把流下的油珠擋住，下面就不會髒了。
嘿！眞好用。
三五天換一次，油瓶就能永久保持清潔。

選鳳梨

我去買水果。
女孩子買東西比較會討價還價，讓她去買比較便宜。
一個鳳梨、一個西瓜，還不到九十元，你說便不便宜？
可是沒有挑到好的。
不切開來看，怎麼知道好壞呀？
用手彈打就知道。
用手彈打時，西瓜的聲音越大越好，可是鳳梨卻相反。
下次買水果應該叫小聰明去。

塑膠繩

是去年買的，不知道還牢不牢？
是塑膠的，不腐也不蛀，同新的一樣。
塑膠的好處眞多。
但也有壞處。
你看，繩頭總要散開，怎麼綁也綁不牢。
很簡單，用火燒一下就行了。
你看，凝結在一起了。
眞好！
多用一點腦筋，任何缺點都可以改進。
我過去都沒想到！

讀書時間

我看你玩了一整天了，怎麼還不讀書？明天要考試呀！
白天太吵了，我讀不下去。
那你要在什麼時候讀？
半夜大家都睡了以後。
那時候讀書比現在差。
因爲一個人，每天精神最好的時候，是上午十點到下午七點之間，最差的是晚上一點鐘左右。
快回去讀吧！
你是擔心我明天又要偷看你的嗎？放心吧！我現在就要回去讀書了。

保持水分

露營對身心都有好處，你爲什麼不去？
我不能去！
剛種這幾盆花，我去了三天，沒人澆水，它會枯死的。
原來是爲了這個。
我教你一個方法吧！
那我一定去！
把這澆好水的花連花盆一起用塑膠袋蓋起來，下面用繩子輕輕地綁起來。
這樣子它照樣能接受陽光，但水分不容易蒸發掉。
可是呼吸怎麼辦？
放心吧！塑膠袋裏面的空氣夠它呼吸三天的。

帶開水

去陽明山，你什麼都不帶，光帶人水壺！
何必呢？那裏賣汽水的人多的是，到時候喝汽水就好了。
汽水裏有二氧化碳，溶化鐵質的速度很高，如果喝多，對胃腸有很大的損害。
所以還是自己帶開水好。
我只帶麪包和蛋糕。
你看西點麪包到處有人賣，就找不到賣開水的。
西點麪包
下一次你可以多帶一點在這裏賣。

跌不死

養金魚

快來看我的金魚，得了傳染病。
你怎麼知道牠得了傳染病？
我養了兩條，本來好好地，昨天再買了四條放進去，現在六條都快死了。
是魚缸太小，魚太多，氧氣不足的關係，不是傳染病。
快拌攪臉盆的水。
爲什麼要這樣呢？
使水與空氣接觸的面積擴大，魚有了充分的氧氣呼吸，就不會死了。
哦！

羽毛球

這個羽毛球，著地好快呀！
這個羽毛球做得不好。
要怎樣才算是好呢？
三葉式、傾斜三十度，插毛的最好，飛得慢，著地輕。
你研究得眞仔細。
凡事要研究改進，才不會落伍。
我也得向你看齊才行。

通烟囱

林叔叔，你在做什麼？
烟囪阻塞了，我要把它通一通。
不必這樣辛苦，只要從烟囪口散布一把食鹽，烟囪就通了。
那樣簡單嗎？
烟囪眞的通了。
這是什麼化學作用呀？
是物理現象，不是化學作用，因爲食鹽由烟囪口下降時與煙囪壁上的煤塵電性中和，而使其附著力減少而下落。
大人不如小孩！

太空食品

你看我這個池塘，全變成綠色了。
是長滿了富有營養的綠藻，那是未來太空人的食物。
把鴨子趕走，再把池塘裏的魚捉光，這個池塘要專門種綠藻。
呀！池塘的水變得清澈見底。
爲什麼趕走了鴨子，捉光了魚，綠藻就會死？
因爲沒有魚和鴨子的拌攪，底下的綠藻呼吸不到氧氣。
綠藻最需要氧氣。

永不褪色

我的運動帽丟了。
你應該寫上班級、姓名，別人撿到了，就會送還你。
寫過了，可是洗了幾次，全都褪光了。
你瞧，我的帽子都快破了，寫的名字還清清楚楚的，一點也沒褪色。
你用什麼東西寫呀？
磨墨時加一點醋，寫了之後，永不褪色。
下次買新帽子，我一定照你的方法寫。

奇異窗簾

窗口看不到人，小聰明一定不在。
小玲！
妳看不見我，我可看得見你呀！
爲什麼呢？
妳看，我的竹窗簾裏面是黑的，外面是白色的。
這種窗簾，從外面看不到裏面，可是裏面的人，能看到外面。

粉刷牆壁

你不久以前才粉刷的，怎麼又在刷了？
都已經脫落了！
你是用白粉？
白粉便宜，缺點就是容易脫落。
有辦法補救！
在白粉裏加一點鹽，刷了持久不掉。
眞的！
上次要是問你的話，今天就不必再刷了。

不是漏水

我請你吃冰水。
妳的新桌巾眞漂亮。
桌巾濕了。
奇怪，杯子怎麼會漏呢？
不是杯子漏。
是杯子周圍的水蒸氣，遇冷變成水的關係。

非安眠藥

你不好好地睡，明天你就沒精神爬山。
我換了牀舖，就睡不著。
這習慣很不好。
把這個吃下去。
安眠藥對身體是有害的。
放心吧！是牛奶和鈣片。
鈣片是神經和肌肉的寬鬆劑，和安眠藥一樣，有安眠作用，而對身體有益無害。

防銹法

快來看，我叔叔送我一套爬山用具。
你瞧！冰斧、劈山刀、餐具、萬能刀全有了。
你這樣隨便放，等到寒假爬山時全都銹了。
在這上面塗上油質，然後把它烘乾。
油
這樣放到寒假還是新的。

鼻孔呼吸

等一等，阿里跟不上。
他的身體不好。
他是習慣用口呼吸的關係。
用口呼吸身體就會壞嗎？
用口呼吸，是造成血中氧氣不足的主要原因，日久會影響體內的循環，成爲貧血、齲齒、嘴斜、口吃等疾病。
哦！
所以你一定要把這種壞習慣改過來。
我以前都不知道會這樣嚴重。
同時整天張著口，也的確不雅觀。

好水果

我摘木瓜請你吃。
木瓜有一種臭味，我不敢吃。
木瓜是可口而又富營養的水果呀！
能幫助消化、健胃，還能驅殺蛔蟲。
不敢吃，再好也沒有法子。
人的嗅覺是受習慣所影響的，只要你吃過一次，它的美味會改變妳嗅覺的觀念。
很好吃嘛！
一個人要樣樣都吃，才能得到各種營養。

奇異墨水

糟糕，我這封信被退回了。
地址看不清楚，郵差沒法送。
我用簽字筆寫得清清楚楚的。
淋到雨就褪光了。
奇怪，上一次，我的衣服被奇異墨水弄污了，連洗都洗不掉。
油質的奇異墨水是不怕水的，可是水質的簽字筆，一碰到水就褪色，千萬不能用來寫信封。
下次應該用不怕水的那種才好。

殺蟑螂

我家的蟑螂真多，實在討厭死了。
有辦法消滅牠。
殺蟲劑很貴呀！
自己做不花錢呀！
煙灰。
加肥皂煮成溶劑，再倒入噴射器內。
這是最有效的殺蟑螂劑。

打呵欠

小姐張那樣大的嘴巴打呵欠，實在不雅觀。
呵！
你眞壞！
可是我覺得打了呵欠，伸伸懶腰，會覺得身體舒服，頭腦清醒哩！
打呵欠是由於體內的氧氣不夠，向空氣中大量吸取的動作。
你爲什麼要笑我打呵欠，不讓我吸取氧氣嗎？
不敢，不敢，我幫你把窗子打開好了。

點油燈

住在鄉下很好，不是嗎？
就是有一點不好，沒有電燈。
煤油燈不但光線弱，而且它的黑煙把整個房子熏黑了。
有辦法使黑煙減少的。
先把棉質的燈芯用醋酸浸過，會減少燃時的黑煙。
醋
果然黑煙少得多了！

洗鉛盤

鉛製的東西，就是這一點討厭，用不了多久，就生鉛銹，洗不下來。
它的好處就是打不破。
洗不乾淨多討厭，多難看呀！
有辦法的。
洗滌之前，在醋裏浸一會兒，再取出來，包你光澤如新。
我去試試看！
果然光澤如新。
小聰明不會騙人的。

擦拭熨斗

上次劉大媽借我的熨斗用後沒擦乾淨，你看生銹了。
有辦法使它回復光亮的。
先用布把細砂和去污粉包好，然後輕輕地擦。
再用一塊乾淨的白布包一塊蠟。
通上電然後再擦一遍。
果然光亮如新。
不過最好還是平時用完之後，就擦乾淨。

流向低處

小聰明，快來幫我忙。
這裏的水放得太久，發臭長蚊蟲了，我要換一換。
我教你一個簡便的方法吧！
捏緊橡皮管，現在千萬不能讓管子裏的水漏出去。
好，現在把手放開。
水出來了，這是什麼道理呀？
這是壓力的關係，高處向低處流。
防火用水

矯正竹桿

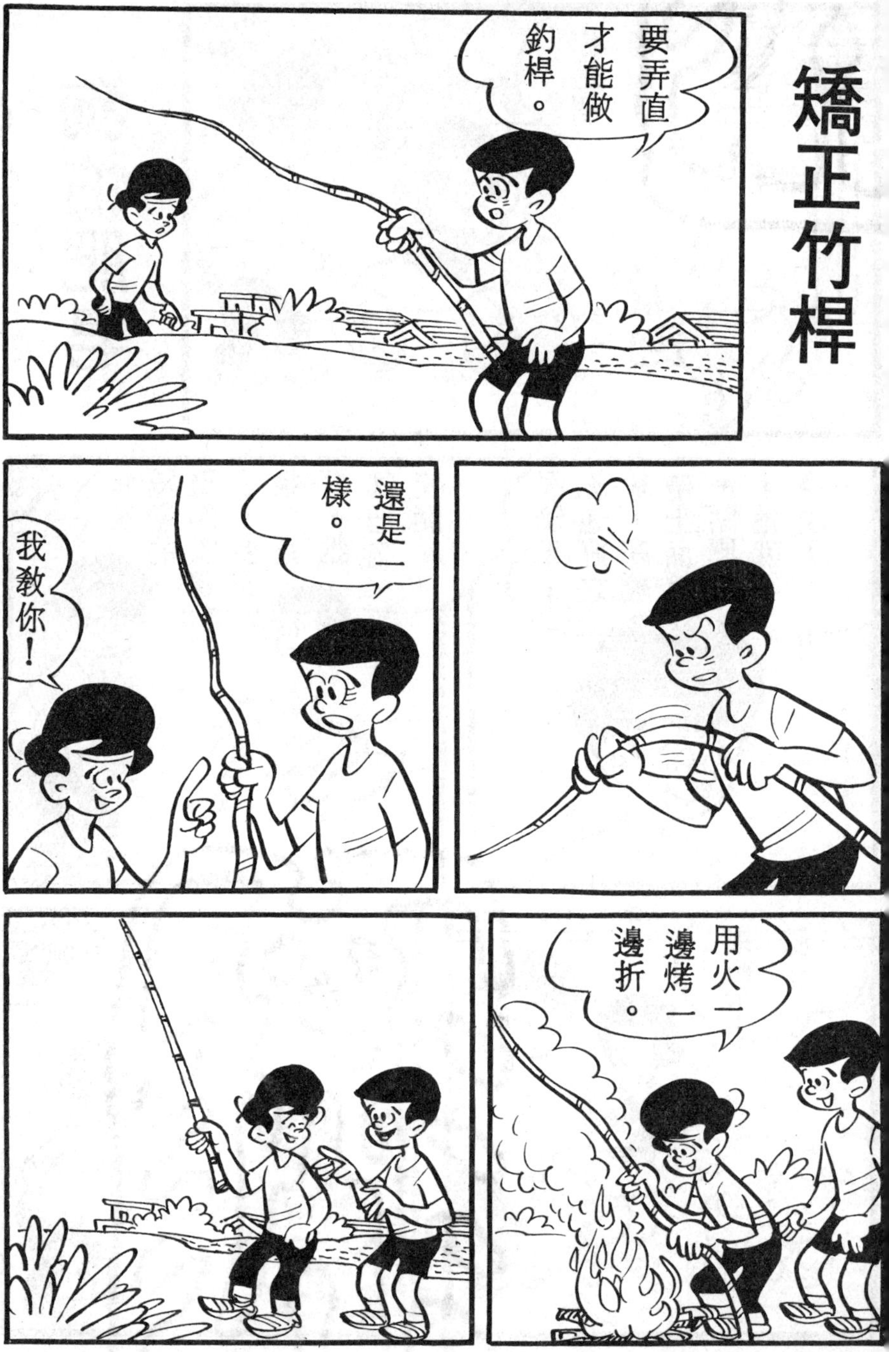
要弄直才能做釣桿。
還是一樣。
我教你！
用火一邊烤一邊折。

狗怕肥皂

你這個傻瓜。
牠被隔壁的狼狗咬傷了，我替牠包紮好，牠就把它咬開。
很簡單，你包好之後，在綳帶上面擦一點肥皂，牠就不會咬了。
試試看！
果然不咬了。

增加光度

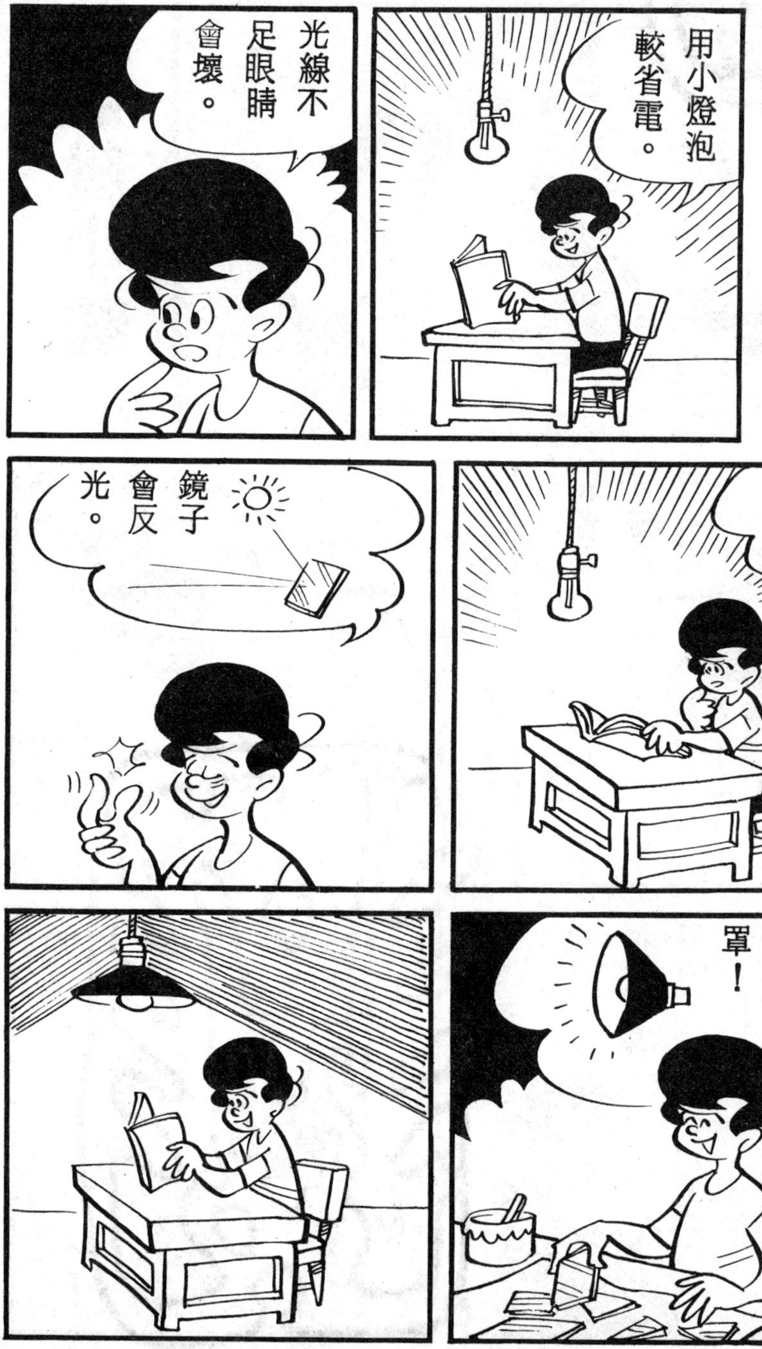
用小燈泡較省電。
光線不足眼睛會壞。
想辦法。
鏡子會反光。
用破鏡片做個燈罩！

訓練小貓

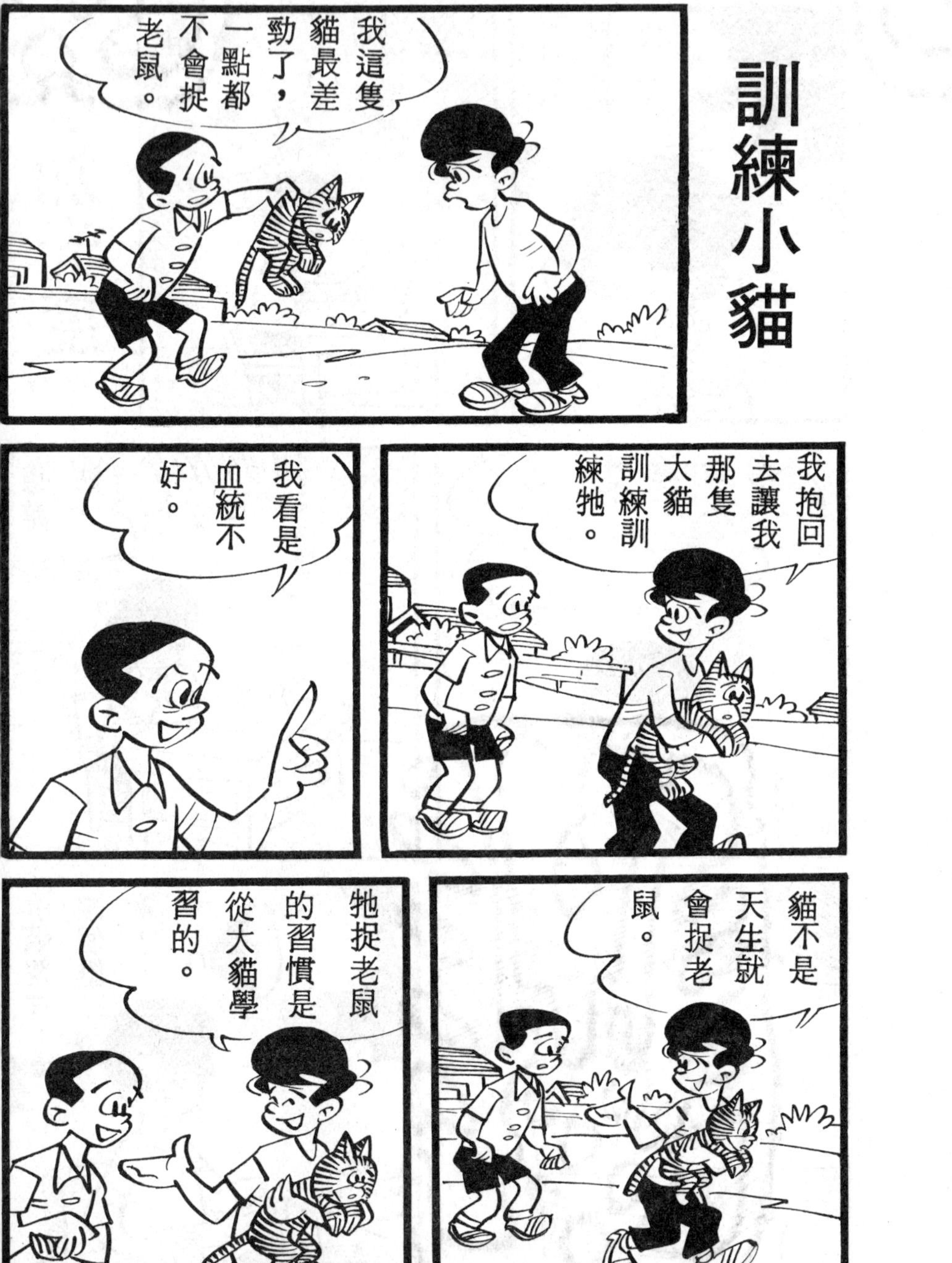
我這隻貓最差勁了，一點都不會捉老鼠。
我抱回去讓我那隻大貓訓練訓練牠。
我看是血統不好。
貓不是天生就會捉老鼠。
牠捉老鼠的習慣是從大貓學習的。

洗圖章

圖章不能這樣用力刷，將來會走樣的。
可是太髒了。
你把嘴裏的口香糖拿下來。
用力壓一下。
拿起來，你看！不是很乾淨了嗎？
因爲髒東西全黏在口香糖上了。

金魚死了

我要同賣金魚的人算賬。
我第二天換水之後，牠就死了。
你換什麼水下去呀！
自來水呀！
難怪會死，因爲自來水中有漂白粉一類的消毒劑呀！

力量平衡

擦拭玩具

哈哈！別害怕，這是一枝玩具槍。
是去年表哥送我的，現在已經不亮了。
是用電鍍的。
我是要請教你用什麼方法能把它擦亮？
有辦法。
用這個擦。
媽媽的化粧粉！
哈哈！果然光亮。
不過你可不能再嚇人。

弓箭

槓桿原理

地下找球

聽說沒有人能難倒小聰明。
我不相信。
我把這個球埋在地下，看他能不能找到。
我去叫他來。
我的球埋在什麼地方你能找到嗎？
能！
他往地下倒水做什麼？
看看什麼地方乾得快。
找到了！
奇怪？
挖過的土地比較鬆，所以水乾得快。

巧補破衣

我們出去玩好嗎？
不行，你看我的裙子破了一個洞。
補一補就行了。
沒有同樣的這種花布，補起來不好看呀！
我替妳想辦法。
把這塊紅布剪成兩隻大蝴蝶。
呀！好漂亮。

洗口香糖

不知道是誰把口香糖吐在地板上洗不起來？
我有辦法。
塑膠袋裝冰塊。
你看，弄起來了。
因爲口香糖變硬就失去黏性。

膠帶使用

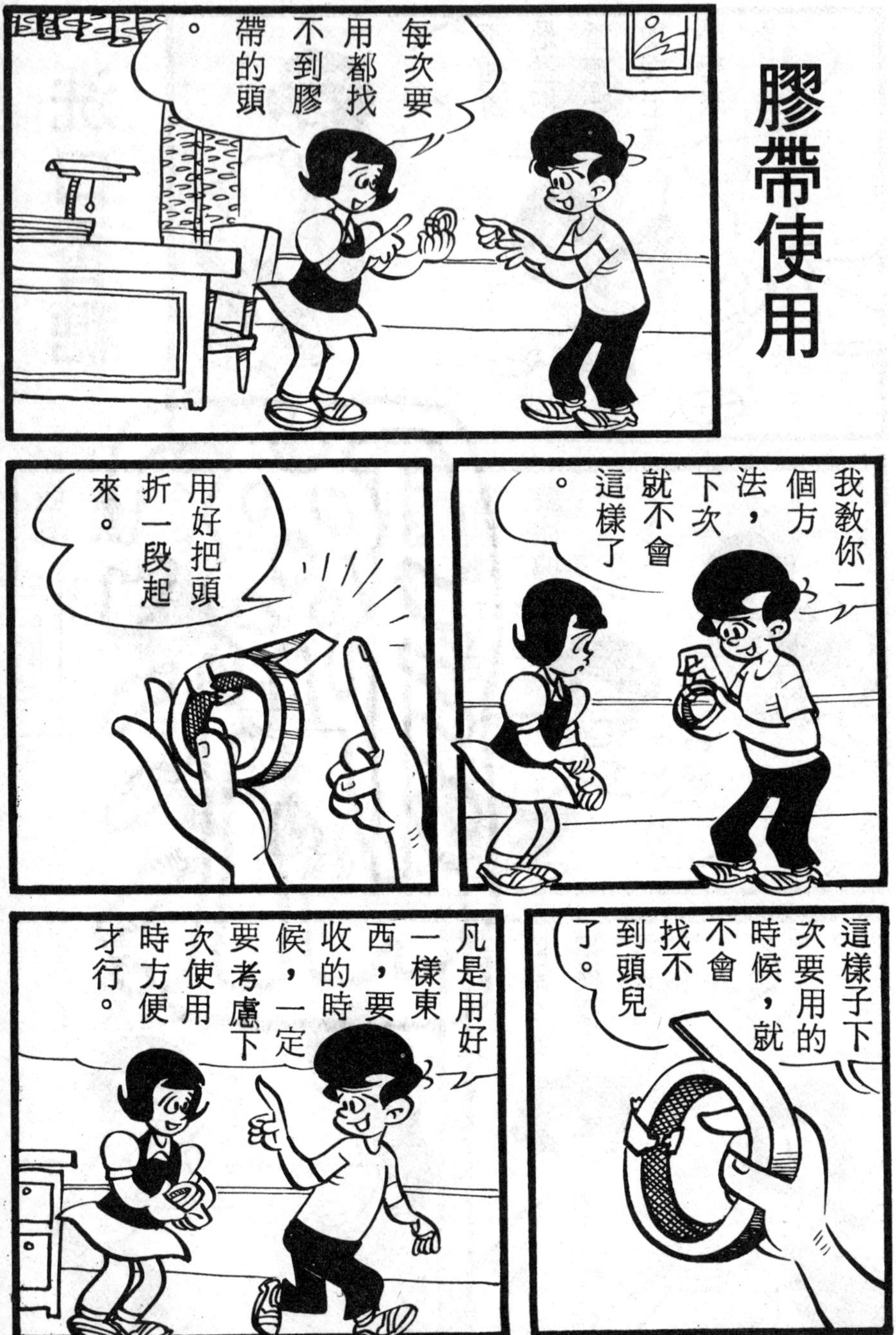
每次要用都找不到膠帶的頭。
我教你一個方法，下次就不會這樣了。
用好把頭折一段起來。
這樣子下次要用的時候，就不會找不到頭兒了。
凡是用好一樣東西，要收的時候，一定要考慮下次使用時方便才行。

衣櫃烘乾

這衣櫃在颱風時淹過水，一直到現在都不會乾。
你看，放在裏面的衣服都發霉了。
有辦法。
把電燈放在衣櫃裏面。
因爲電燈發熱，就會把衣櫃烘乾。

幫助煞車

睁一眼閉一眼

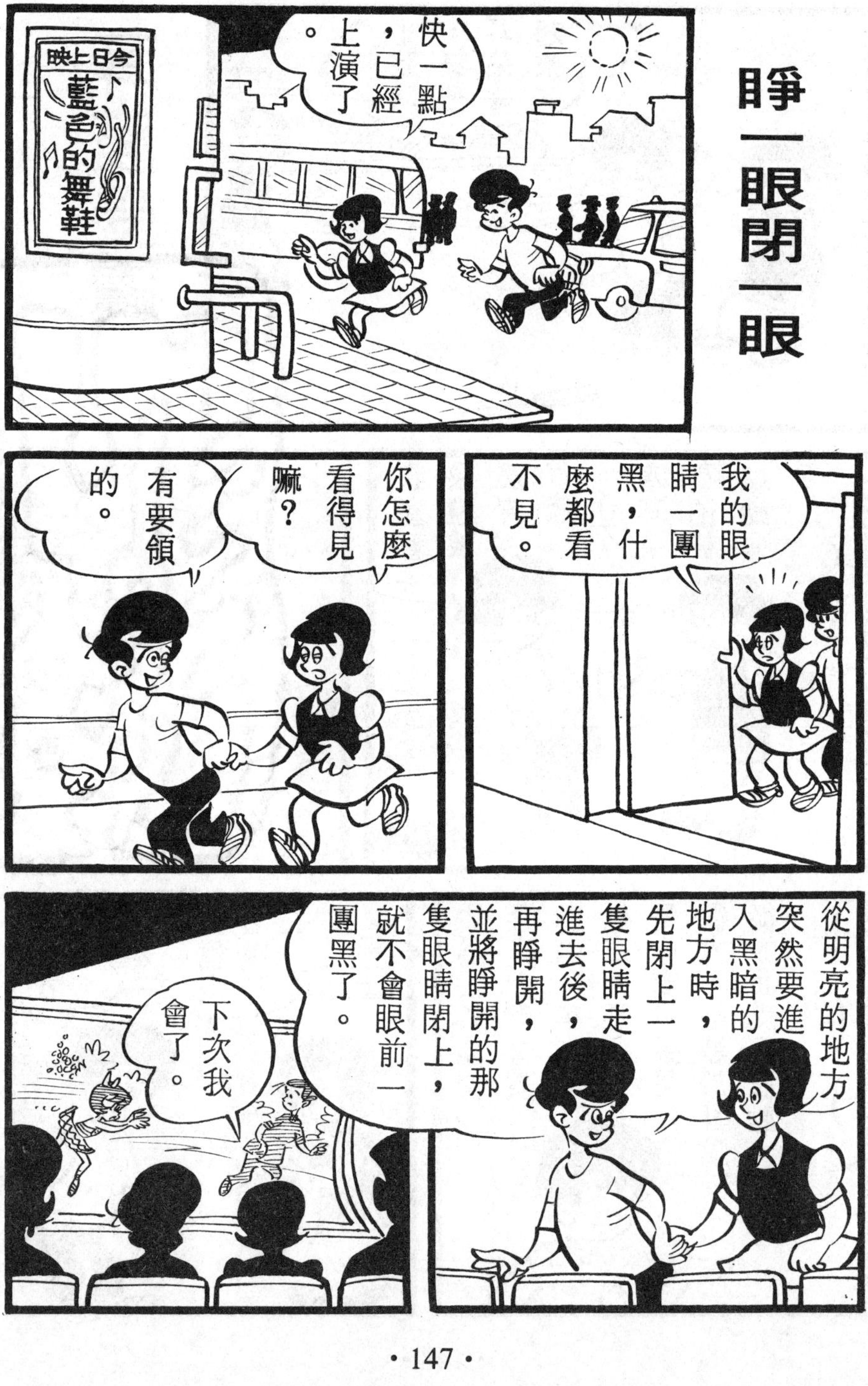
今日上映
藍色的舞鞋
快一點，已經上演了。
我的眼睛一團黑，什麼都看不見。
你怎麼看得見嘛？
有要領的。
從明亮的地方突然要進入黑暗的地方時，先閉上一隻眼睛走進去後，再睁開，並將睁開的那隻眼睛閉上，就不會眼前一團黑了。
下次我會了。

耳膜受震

小聰明，快把耳朵塞起來。
我塞著耳朵還被震得很痛，你不塞耳朵不怕被震動嗎？
我張著嘴。
我也張著嘴呀！
因爲張口能使耳膜受聲音震動內外平衡，你塞著耳朵可是你嘴巴張得很大，那等於耳膜從內面受到震動。

蛇的眼睛

小聰明，這草堆上有兩隻大的。
別動，那是蛇呀！
你怎麼會知道那是蛇？
蛇的眼睛也會發光的，不過蛇不會像螢火蟲那樣一閃一爍。

水的深淺

還是從橋上過去吧！
水底都看得很清楚，一定不會太深的。
我要從這裏過去比較近。
哇！好深呀！
你看！
看起來很淺嘛！
看起來會覺得這樣淺的原因，是因爲光線折射的關係。

食米防蟲

這一桶米不能吃了。
爲什麼？
你看，長了黑色的硬殼蟲不是嗎？
有辦法把蟲弄掉。
把它倒出來晒。
蟲爬出來了，而且全部向北邊跑，眞有趣呀！
這種黑殼蟲還可以事先預防的，只要先在米缸中放一個蒜頭。

螞蟻知晴雨

這樣好的天氣還帶斗笠？
我爸爸說這幾天可能會下雨。
你爸爸又不是氣象所的所長，他怎麼會知道？
他說看到螞蟻搬家。
哈哈！這不是笑話嗎？
不是笑話，是有科學根據的。
因爲空中的水蒸氣增多，同時氣壓降低，泥土吸收的水分增加，螞蟻巢穴裏就潮濕起來，螞蟻就難安居，所以牠們要搬到比較通風的地方去。

茶葉防潮

小美，你的茶葉爲什麼要倒掉呀？
潮濕了。
我想一定是商人拿壞的賣給我。
是你存放不得法。
我用這罐子存放的。
罐底最好放一塊乾木炭，然後蓋緊，這樣就不會發潮了。
因爲木炭會吸收水分。
我回去一定照這樣做。

避雷針

雷雨天躲在大樹下是危險的。

快下來，走在提防也是很危險的。
快遠離高壓電線。
快躲到房子裏頭。
這房子也很高呀！不危險嗎？
它裝有避雷針呀！

長短鞦韆

一、二、三、四、五、六、七……
阿美三十次，阿中二十次，阿美勝利。
奇怪我怎麼會輸給小妹？
因為你用大鞦韆，所以擺得比較慢。
你看繩子越長的擺得越慢。

銅器與鹽

奇怪！這個煙灰缸的銹和黑點，怎麼擦也擦不掉。

還是請教小聰明吧！
這是銅器，放一點鹽上去擦。
哈哈！果然光亮如新。
想不到鹽有這樣多用途。
鹽是寶貝，它的化學製品多得數不清。

預防小偷

樟腦丸

弟弟，你又把我抽屜裏的樟腦丸拿去玩。
哇！我沒有拿。
不然我上個月放的樟腦丸那裏去？
變做氣體消失了。
所以樟腦丸買來一定要包好才不會消失得這樣快。
對不起！冤枉你了。

洗橡皮

魚腥味

怎麼了？
小聰明，快幫我想辦法。
魚腥味眞臭。
我剛才殺了魚，手上的腥味洗不掉。
我教你一個辦法吧！
先用溫鹽水洗一次，再用肥皂洗。
果然不臭了。

便當保温

冷飯眞難吃，我肚子都吃痛了。
我教你一個好方法。
便當剛一裝好，趁熱的時候用厚棉被緊緊地包幾層，到中午解開來吃時，一定還是暖的。
好！我現在馬上就用外套包起來，等熱了再吃。
半小時後
小聰明，不對呀！我包了這樣久還不熱？
你弄錯了，這樣包只能保溫，可不能使冷的東西變成熱的。

對付螞蟻

我請你吃糖。
妳眞客氣！
哦！好多螞蟻！
家裏螞蟻太多了，糖果放在廚子裏，牠也會來吃。
我去看看！
在廚腳放四碗水，螞蟻就上不來了。
對了！螞蟻怕水。

免費電燈

妳為什麼近來習題常沒寫？
因為養父不讓我點燈，他說電費太貴了。
到妳家看看，有沒有辦法可想。
我在這裏作功課。
可以借用他的光。
隔壁的燈很亮嘛！
在這裏掛一面鏡子，使它反射。
這樣不就有燈了嗎？

簡便燈火

到小明家去玩。
你拿的是什麼燈？
既方便又不怕風。
水上點蠟燭。
蠟燭下面插入一根鐵釘，使它重心向下，不致傾倒蠟燭漸漸燃去，浸在水中的部分也漸漸會上升。
哈哈！你眞聰明。

美化環境

那不是修理房子用的沙土嗎？爲什麼要搬走？
明天有朋友要來玩，大門口放一堆沙土太不雅觀了，所以我要把它移開，等朋友走了之後，再移回來。
這樣一大堆，我看你到明天也搬不完。
不然怎麼辦？
隨機應變，利用這堆沙土做假山。
對了！
做些假山、小河、小橋、屋子……
好漂亮呀！
過獎、過獎！

玩魔術

他的壓歲錢全買了汽球。
他喜歡玩汽球。
我教你用汽球玩一種魔術吧！
汽球會跟著他走。
你看好玩嗎？
很簡單，用絲手帕在汽球上面摩擦。使它荷著靜電。
教我玩！
這電荷能被中和物所吸引，所以汽球就跟著人來了。

爬山照相

假瞎子

ㄉㄚ！
危險！
我帶你走！
哈哈！
你不是瞎子。
因爲汽車太多，過馬路不便，我乾脆裝成瞎子，汽車都會讓我，你說我聰明嗎？
要是汽車司機也裝瞎子呢？

快乾鞋子

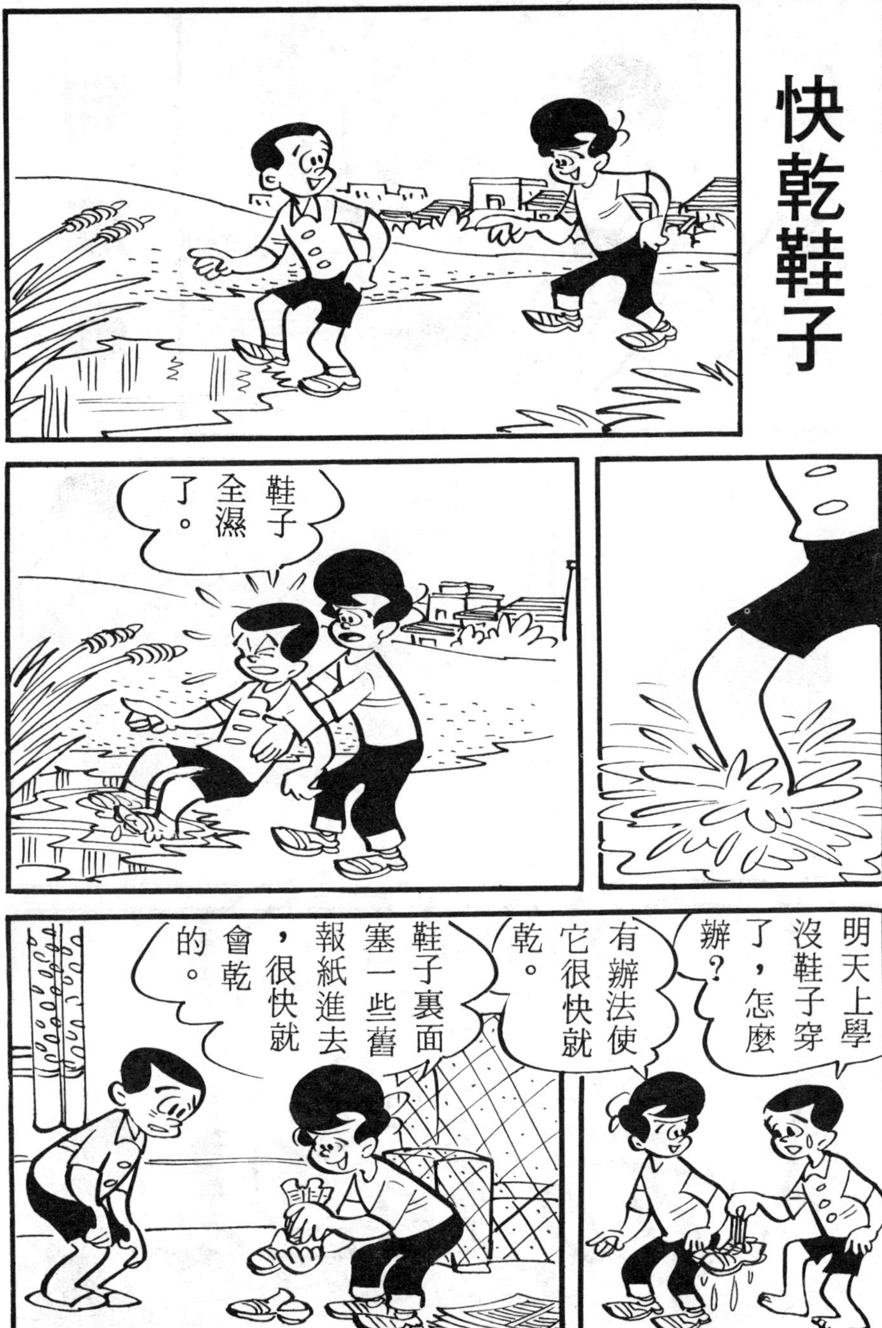
鞋子全濕了。
明天上學沒鞋子穿了，怎麼辦？
有辦法使它很快就乾。
鞋子裏面塞一些舊報紙進去，很快就會乾的。

狗拉車

氈子救火

不好！火燒到房子了！
這條濕氈子可以用。
快將火蓋起來。
再潑一點水，火就完全滅了。
以後要小心，千萬不可在房子附近燒垃圾。

假面具

姐姐，買那種玩具眼鏡給我。
不行，那要很多錢呀！
我要！我要！
我做一個比他更好的給你。
這叫太空時代的無形眼鏡。
好極了。

大小齒輪

太重了，拉不動！
前面齒輪太大，後面齒輪太小的緣故。
你最好把前後齒輪調過來。
用力大，車子快。
用力輕，但車子慢。
試試看！
果然輕多了，謝謝你！

門軌打蠟

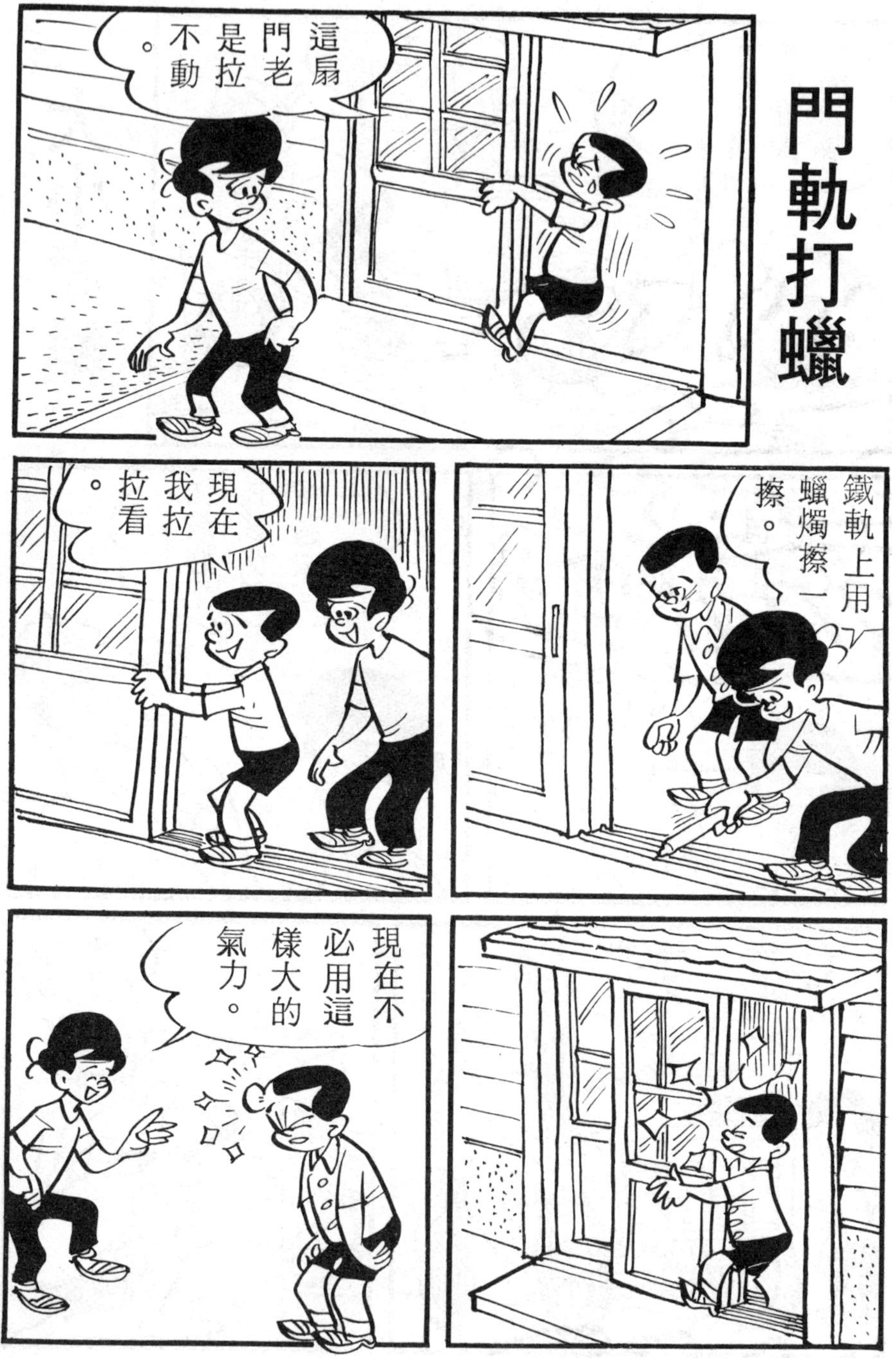
這扇門老是拉不動。
鐵軌上用蠟燭擦一擦。
現在我拉拉看。
現在不必用這樣大的氣力。

辨別方向

早上忘了帶指南針，現在我認不出方向了。
不要著急我來觀察。
這邊是北方。
你怎麼看的？
看樹上的苔草和木頭上的年輪。
北方較少曬到太陽，所以比較容易長苔草，年輪也比較密。

蛋的實驗

這兩個蛋不新鮮，我要拿回去換。
可是你已經打破了。
不打破怎麼會知道蛋新鮮不新鮮呢？
我實驗給你看就知道了。
小聰明實驗室
平放的是最新鮮的蛋，豎起來是比較舊的蛋，浮起來的蛋就是壞的了。
謝謝你，我以後再也不會上當了。

陽光與反射

快陪我去車站接我姐姐，她參加合歡山滑雪活動回來了。
小英，我在這裏。
啊！妳的臉爲什麼變成黑的？妳是冬天滑雪又不是去海濱游泳。
冬天的太陽照在白色的雪上，反射出來的陽光比夏天直接照射下來的更強。
回去可別把媽媽嚇壞了。

燙傷急救

啊！我被開水燙傷了。
快浸在冷水裏。
不行，那樣會更痛。
快去把急救箱拿來。
急救箱忘記帶來。
那末拿我們吃的菜油或醬油來。
是！
菜油或醬油都可以使傷處痊癒，千萬不能浸冷水，那會使傷勢更嚴重的。

小心中毒

小聰明，有你菜了，我找了許多香菌。
有許多是毒菌。
我聽說顏色不鮮豔，而且菌柄可以筆直分裂的就是能吃的。。
不見得，很多這種菌都含有毒素。最好不要輕易冒險。
還是採一些番薯葉子比較安全。

魚與空氣

哥哥，這幾條比較活潑的，我先用塑膠袋裝回去養好嗎？
好的！
聽說鯽魚最容易養。
我拿回來的魚死掉了。
我籃子裏的還活著。
奇怪，塑膠袋裏放著水魚都死了，魚籃裏沒有放水，魚却活著。
因爲塑膠袋結得太緊，空氣不流通，因此魚也就活不了。

螺絲釘鬆法

這螺絲釘有點生銹了，怎麼轉也轉不動。
用鎚子敲一敲。
轉開了，這是爲什麼呢？
因爲受到震動，會使過緊的螺絲釘鬆開些。

鹽分與竹料

小聰明，我有一項新發現。
了不起！
小聰明實驗室
用這種竹子做釣竿比較耐用。
都是一樣的。
這是有事實證明的，這根我用了兩年還沒壞，這一根只用半年就壞了。
因爲你這根是釣海魚的，海水有鹽分可保竹料永不腐朽。
原來如此！
你想使另一根耐用的話，用濃鹽水刷幾次。

茶與氧氣

我的茶好像味道不太對。
我聞聞看！
我怕早上遲到，昨晚就泡好放著的。
不能喝的，會中毒的。
泡好的茶放久了，茶水裏的氧氣漸漸減少，細菌就容易侵入溶解茶的蛋白質而成毒。
出外遠足最好還是帶鹽開水。

冷凍金魚

你簡直是虐待狂，缺德鬼。
甚麼事？
我在做實驗嘛！
你看，他把金魚凍死在冰塊裏面。
不要急，金魚沒有死。
你看，放在水裏面金魚又復活了不是嗎？
原因是金魚表面被凍，但內臟卻好好地，金魚是耐寒的動物。
我的實驗成功了。

衣服與發霉

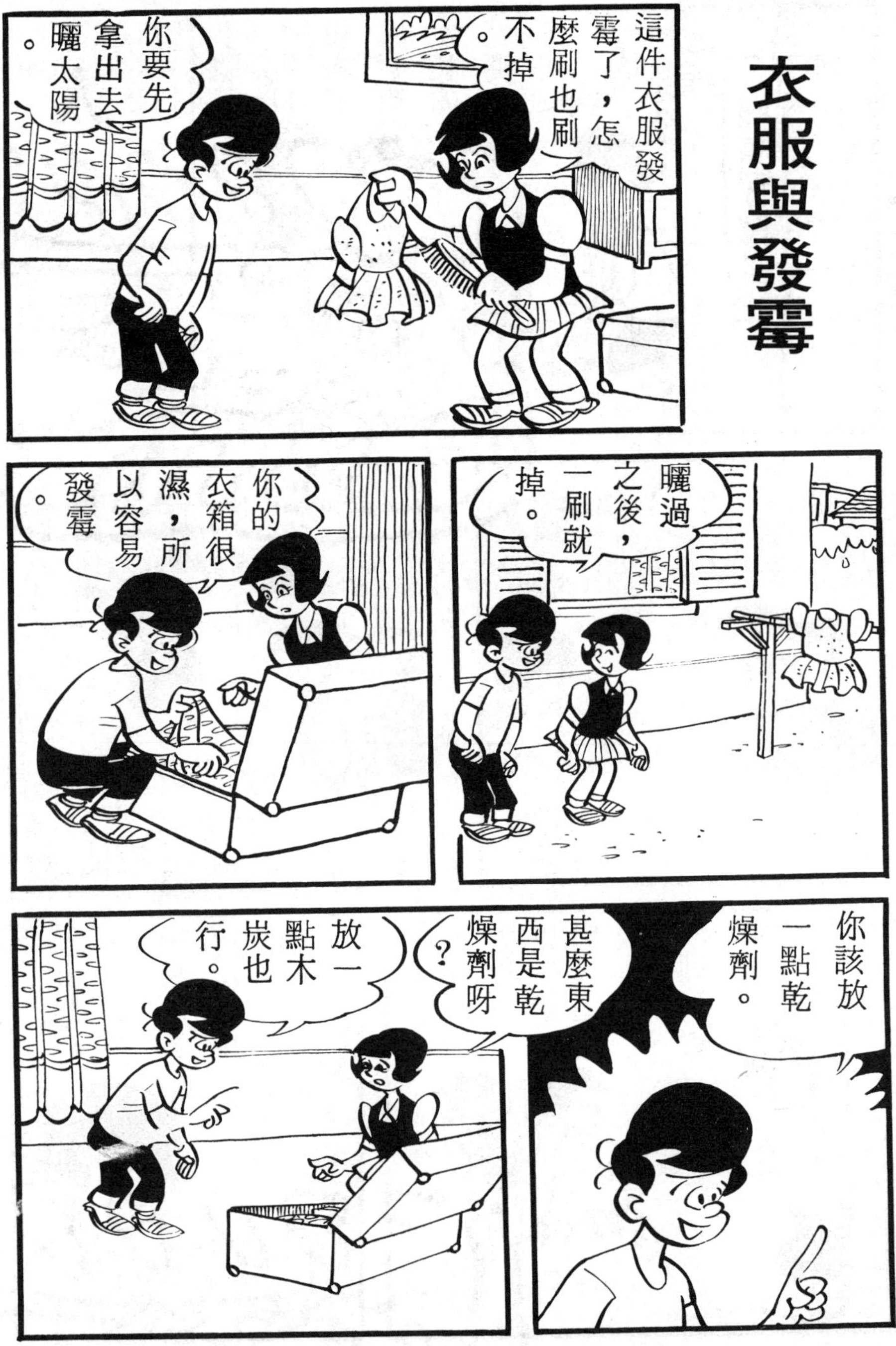
這件衣服發霉了，怎麼刷也刷不掉。
你要先拿出去曬太陽。
曬過之後，一刷就掉。
你的衣箱很濕，所以容易發霉。
你該放一點乾燥劑。
甚麼東西是乾燥劑呀？
放一點木炭也行。

人造霧

小聰明，你再變科學魔術給我們看好嗎？
小聰明實驗室
我做人造霧給你們看。
了不起，人能造霧。
爲什麼會這樣呀？
這很簡單，只要拿一塊乾冰放在水裏面。
謝謝你，我回去也可以做給別人看。
歡迎你們常來參觀。

手錶與石

小聰明實驗室
你臉色怎麼這樣難看呀？
你怎麼把手錶拆成這樣子啊？
小華說他的錶是十一石比我的好，我不服氣，想拆開來多放幾個石頭下去。
手錶上的幾石並不是普通的石頭，是一種很硬的人造石的「軸」，用於機器部份，摩擦時才不會使軸消失掉。
對不起，這個我也不會裝，你還是送到鐘錶店去比較好。

檸檬

今天好熱，我的頭有點暈。
到我家，我請你吃檸檬。
吃檸檬是很有效的。
不能用熱開水泡。
爲什麼？
這樣會破壞檸檬裏面的維他命C，還有銅器也不能使用。
哦！
這樣擠出來最好。

選罐頭

男孩子氣力大，幫我開罐頭。
男孩子好像天生就得替女孩子做事情似的。
不行！你這個罐頭壞了！
胡說！
你瞧，罐頭蓋凸出來，表示裏面有氣體，食物一定腐壞了，千萬不要吃！
還是吃我的吧！
你的也壞了，蓋子凹下去。
那才表示沒壞，正好吃。

海市蜃樓

我們不能走這一邊，你看，地上都是水。
那不是水，是水影，也就是海市蜃樓。
海市蜃樓？
那是光折射的關係，光射進水裏會發生彎曲的現象。
在空氣厚和空氣淡的分界地方，也會像水中一樣發生彎曲，因此看來就像有水的樣子。
真的，走到這裏就沒有了。

直線與曲線

小聰明，快來幫忙。
奇怪呀！我看車伕一拉就動，我和哥哥拉了半天都拉不動。
小聰明一個人都拉動了。
他的力量好大呀！
這不是力量大，是方法的問題，直拉就吃力，稍走曲線就省力。

反光招牌

小聰明，我有一項驚人的發現。
小聰明實驗室
我要推翻太陽光線比燈光强的理論。
不可能。
你看那招牌好亮不是嗎？
大
這樣强的太陽光下能看見它發光，不是比太陽更亮嗎？
那不是霓紅燈招牌，而是用金箔做的，利用風吹動受陽光反射，所以我們看來很光亮，因此太陽越大，它就顯得更亮。
我又失敗了。
不要灰心，繼續研究，一定會有新發明的。

量體積

我的比你大。

誰說！是我的大。

水剛和平。碗

我們替你一量就量知道。

這個大！

水溢出來了。

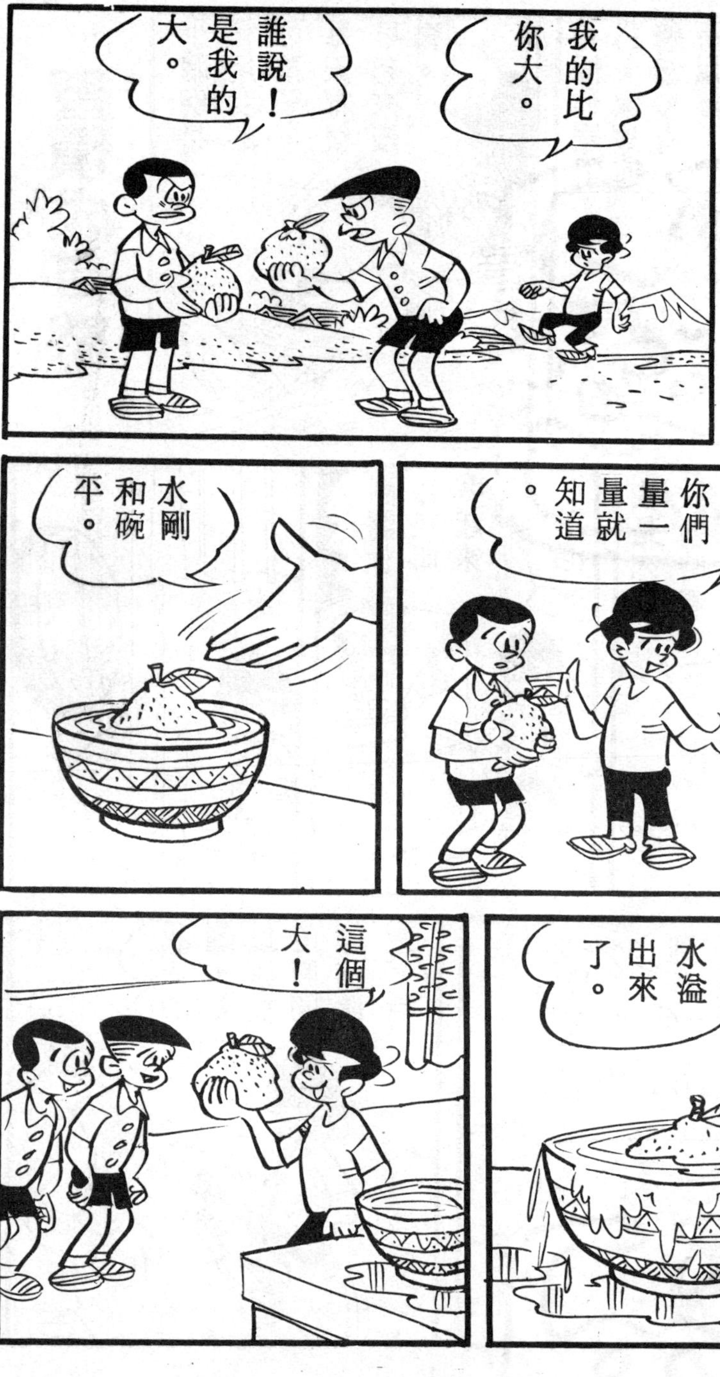

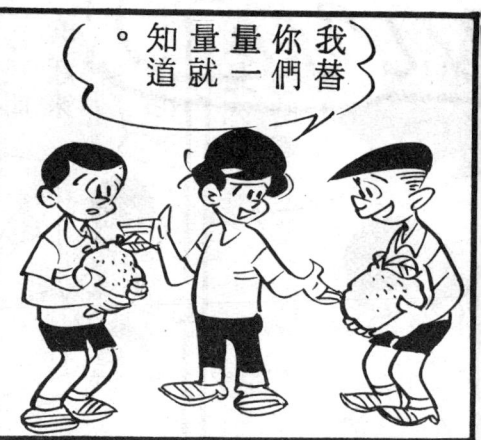

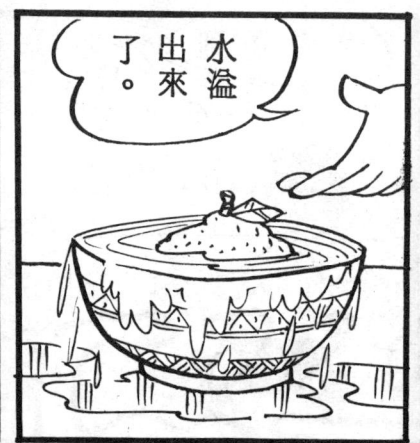

習慣成自然

小聰明是個用功的好孩子，每天都很早起來讀書。
可惜他家很窮，家裏連鐘都沒有，所以每天到張伯伯家看時間。
謝謝你每天叫我起來。
我是來您家看時鐘的呀！
我家的鐘，是以你來的時間作標準。
到底是誰看誰？

保持鮮花

不是花不好，而是插花的方法不對。
那要怎麼插呢？
再去買新鮮的花來。
插在馬鈴薯裏面。
對了！馬鈴薯內有澱粉，能供給花的一部分生命力。
這樣子花就能保持很長的時間。

誘捕蝴蝶

這樣是捉不到的。
我會叫牠自動地飛到我手上來。
我不相信。
你等一下看看！
你看，一點也不難。
奇怪！
只要用花心細末加入茴香、麝香、蜂蜜塗在手上，蝴蝶聞到香氣就會飛來。

氣球魔術

我變魔術給各位看。
氣球不用吹，自己會漸漸的大起來。
眞奇怪呀！
這是什麼道理呢？
太簡單了，只要在氣球中，放一小塊乾冰就行，因爲乾冰變做二氧化碳氣時，就把氣球脹大了。
我回去也可以表演給別人看。

毛細現象

我們只有這碗水，可是很髒，不能燒菜了。
你拿一個清潔的碗和棉花來。
用一束棉花，把一端浸在污水中，一端放在這邊。
呀！漸漸地過來了，是什麼原因呢？
是毛細現象的作用。
髒東西全留在這邊。
清潔的水到這邊來了。
對不起！燒的事，該由你了。

假面具

省力氣

自動門

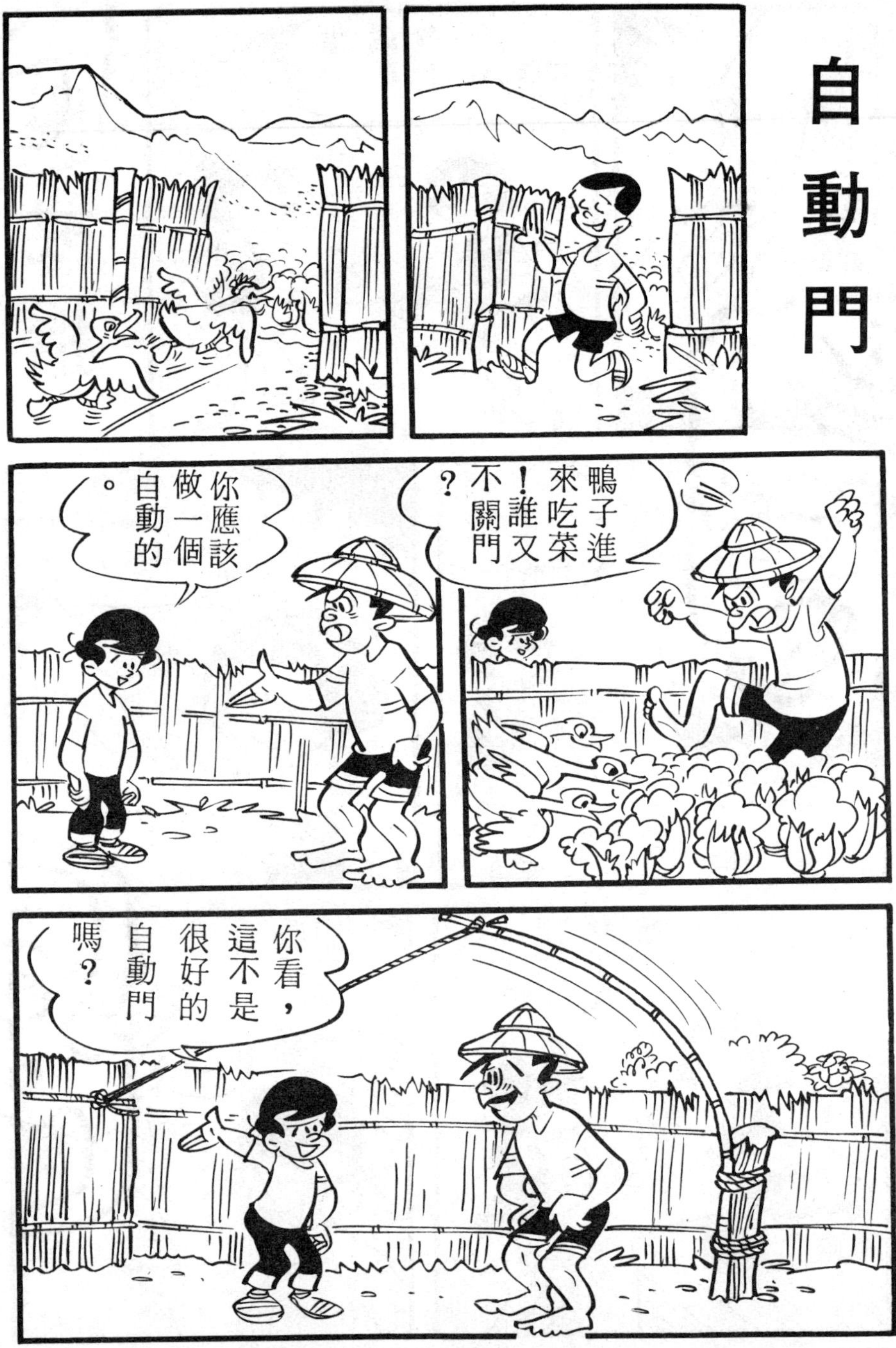
鴨子進來吃菜又誰！不關門？
你應該做一個自動的。
你看，這不是很好的自動門嗎？

脱戒指

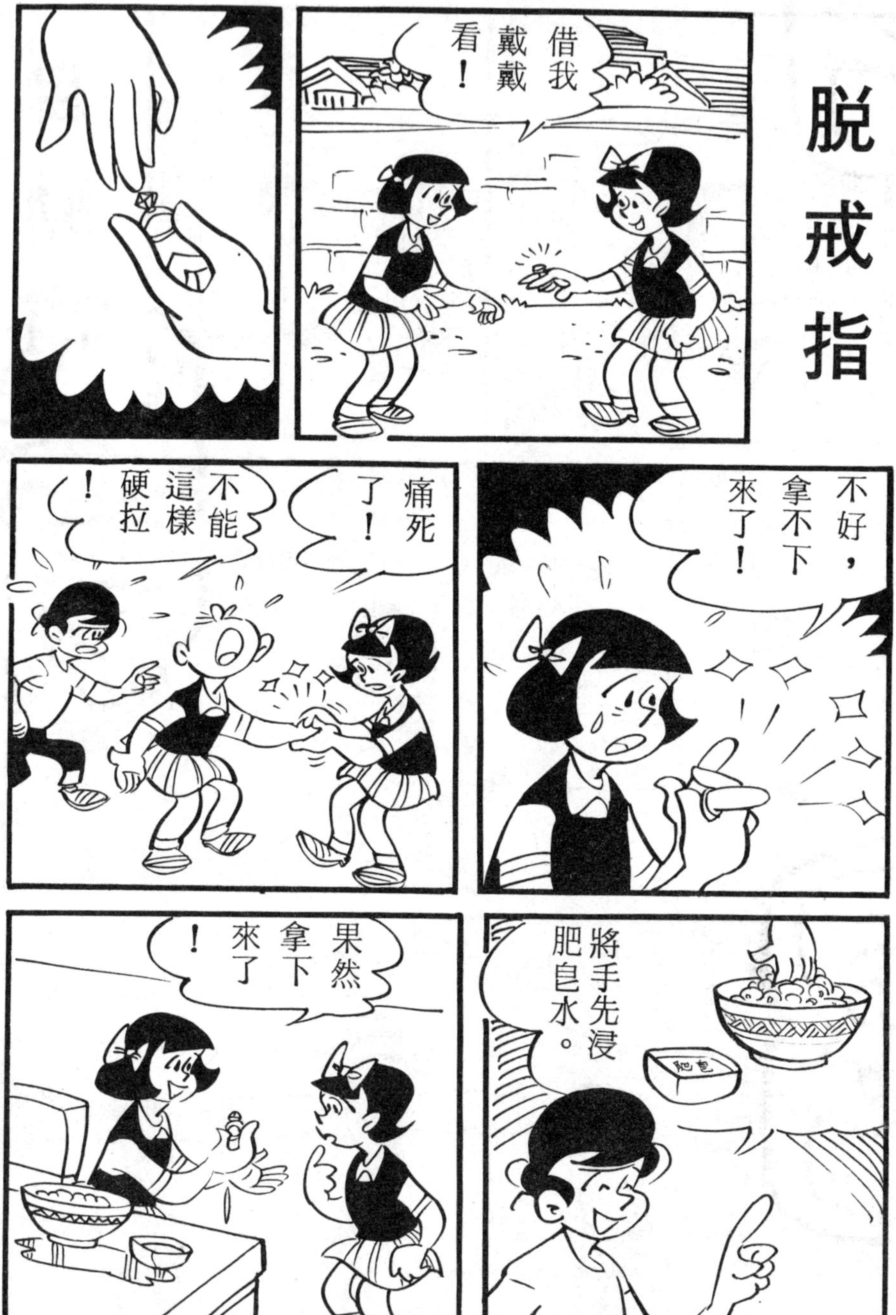
借我戴戴看！
不好，拿不下來了！
痛死了！
不能這樣硬拉！
將手先浸肥皂水。
肥皂
果然拿下來了！

捉蜻蜓

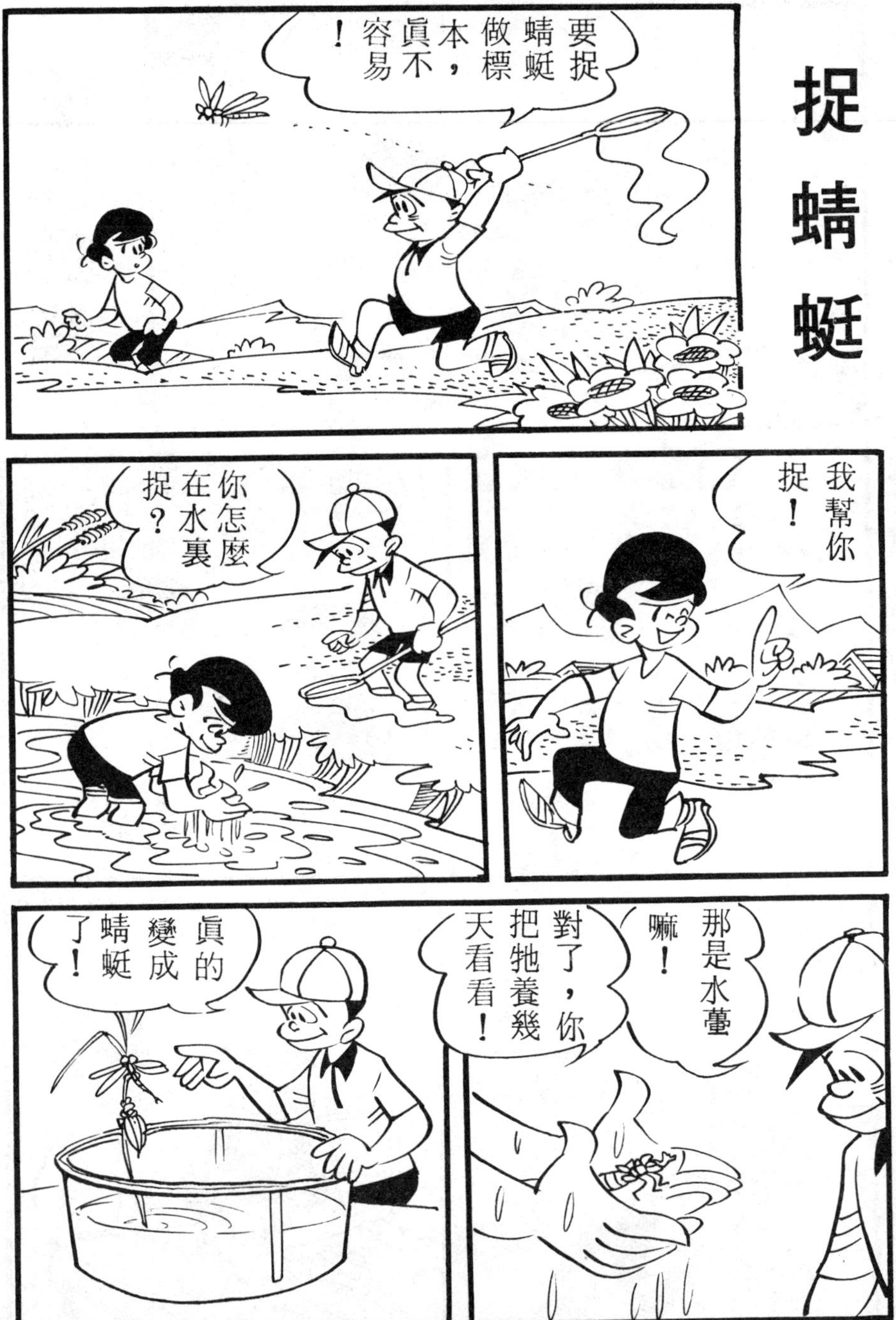

要捉蜻蜓做標本，眞不容易！
我幫你捉！
你怎麼在水裏捉？
那是水蠆嘛！
對了，你把牠養幾天看看！
眞的變成蜻蜓了！

驅除蛀蟲

這張古畫被蠹蝕得這樣子。
你收藏的時候，應該用報紙包起來。
爲什麼？
因爲報紙上的油墨可驅除蛀蟲。
這好辦了，家裏有的是報紙。
我要是早問你就好了。

妙計

趕鳥

ㄉㄤ!!
ㄉㄤ!!
我不能上學，我要打油箱趕鳥。
我替你想辦法。
ㄉㄤ ㄉㄤ
水的重量比鎚子重的時候，就自動向下倒，水倒完了，鎚子就比較重，當然就往下打。

過水溝

狗與骨頭

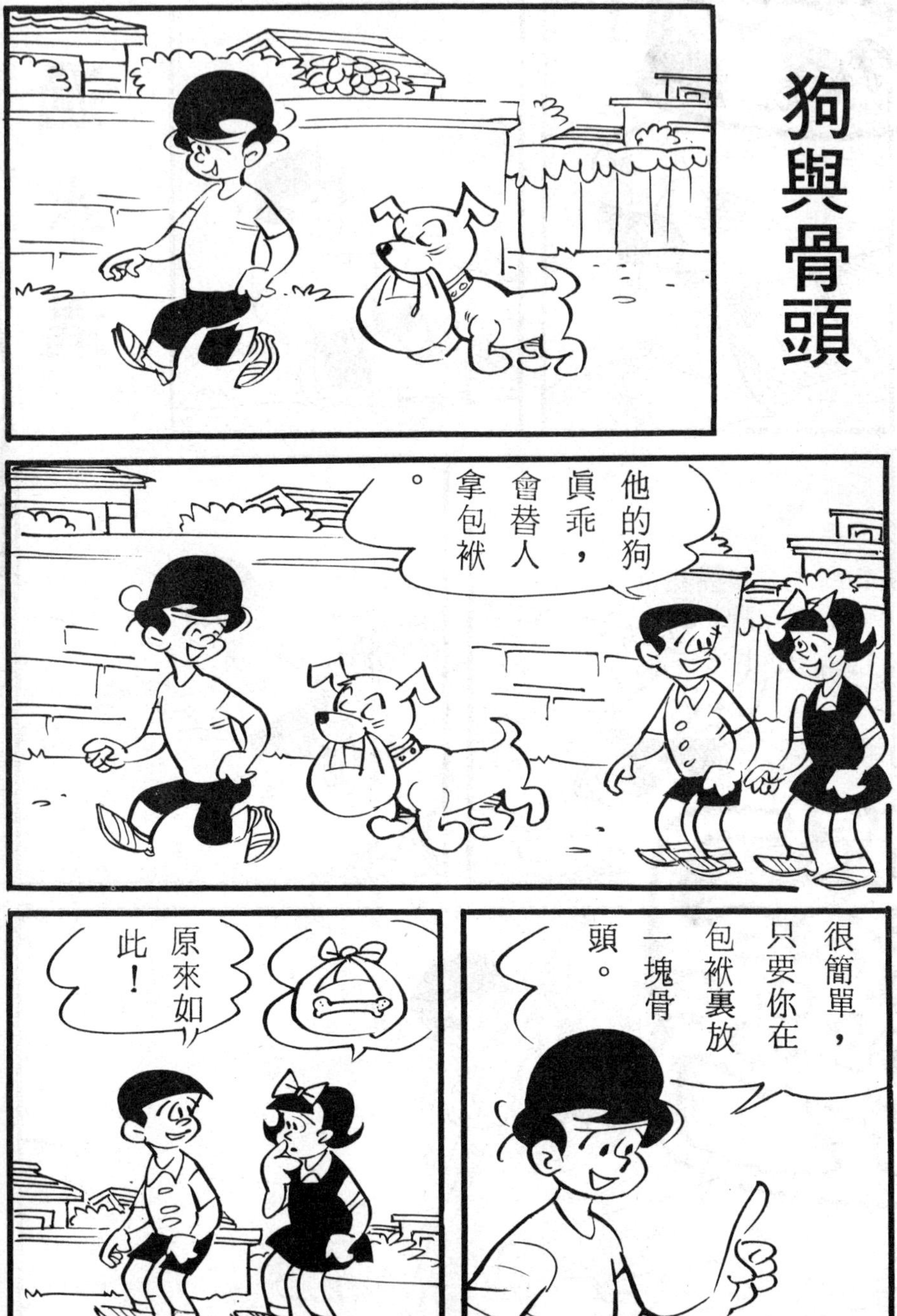
他的狗眞乖，會替人拿包袱。
很簡單，只要你在包袱裏放一塊骨頭。
原來如此！

浮力

風箏送信

木頭與鐵

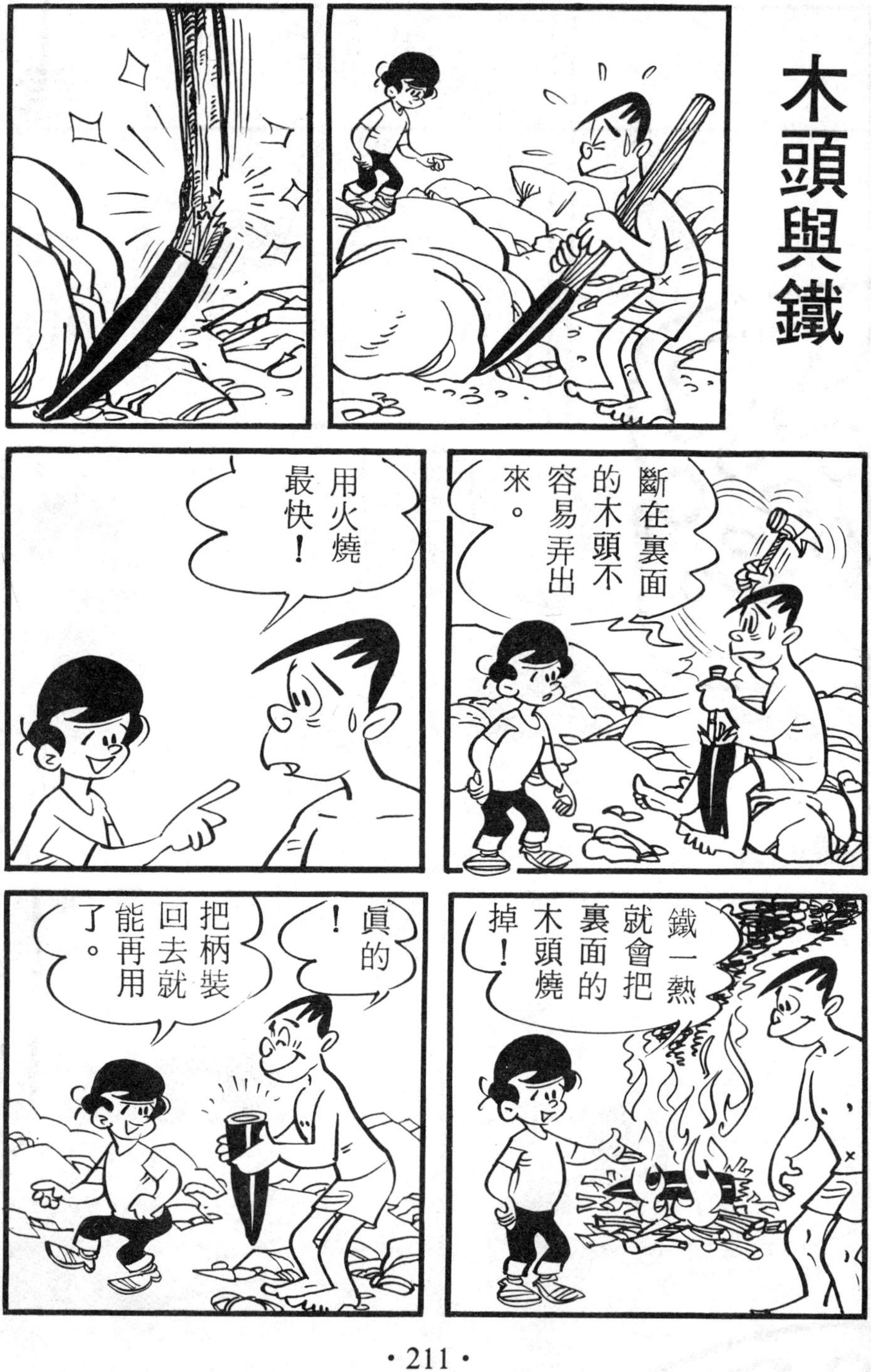
斷在裏面的木頭不容易弄出來。
用火燒最快！
鐵一熱就會把裏面的木頭燒掉！
眞的！
把柄裝回去就能再用了。

重心

捉野兔

讓開！我要捉野兔。
這樣是捉不到的。
用手電筒。
因强光照射，牠看不見我們，但我們可以看到牠。
哈！捉到了！
捉老鼠、麻雀都可以用這種方法。

石灰與水

哦！太冷了。
我這毛病只要喝一點熱茶就好了。
這山上沒有水，也沒有鍋，怎麼燒熱茶？
有辦法了！
倒一點水在石灰裏。
石灰經濕而沸騰。
老太太，有熱茶了！
謝謝你。

獨木橋

吊起車子

不好，車子滑下去了。
糟糕！怎麼樣才能把它搬上去呢？
你用繩子綁牢車子，我就有辦法。
石頭放下去，車子吊上來了。
綁上一個比車子重的石頭。

磁鐵

水口琴

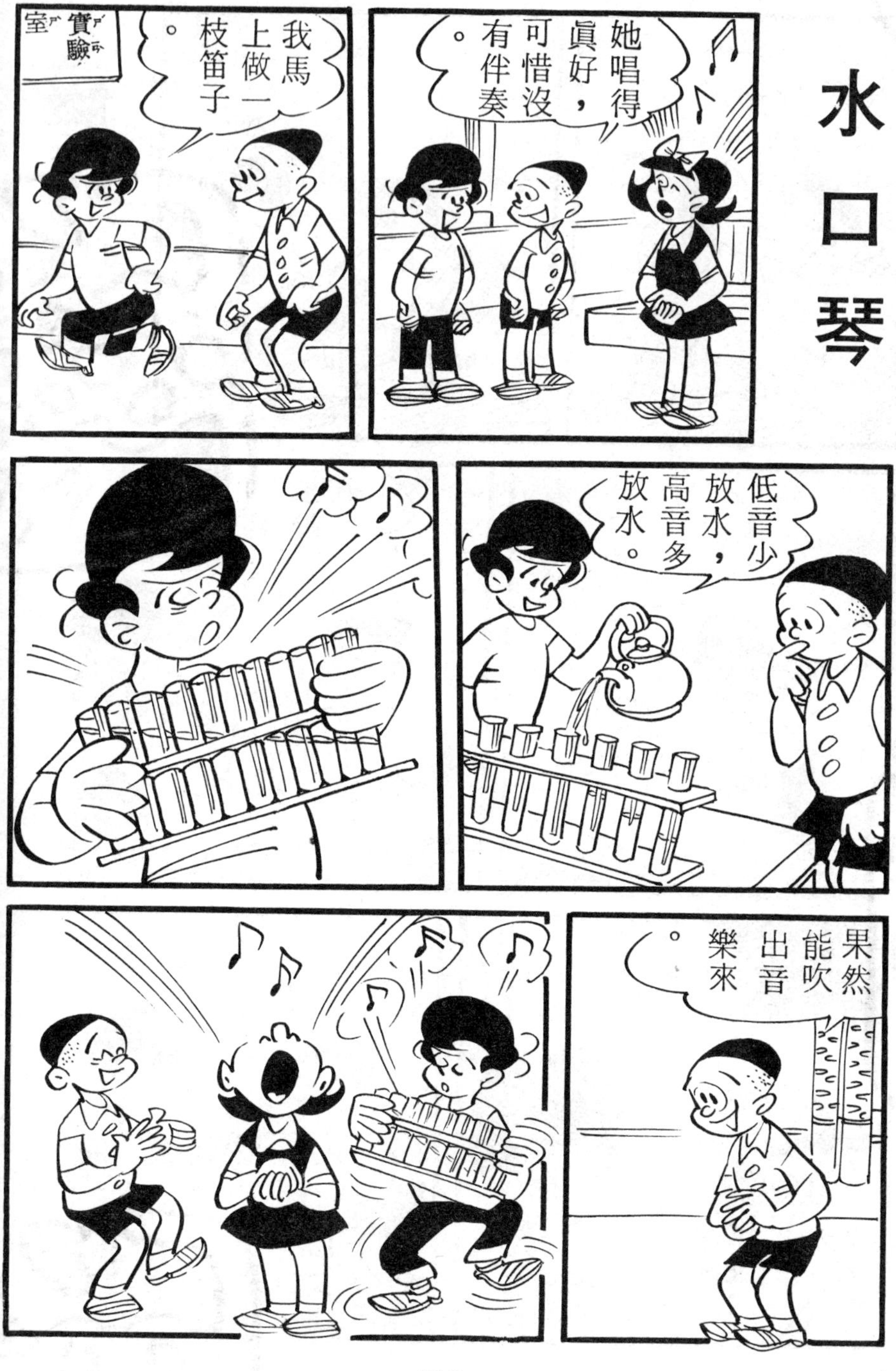
她唱得真好，可惜沒有伴奏。
實驗室
我馬上做一枝笛子。
低音少放水，高音多放水。
果然能吹出音樂來。

揀玻璃片

糟糕！
把玻璃碎片撿起來，免得刺傷了腳。
用手不容易撿起來呀！
用肥皂在地上印，又安全又乾淨。
玻璃片全貼在肥皂上。
把這一層刮掉就行了。

防水紙

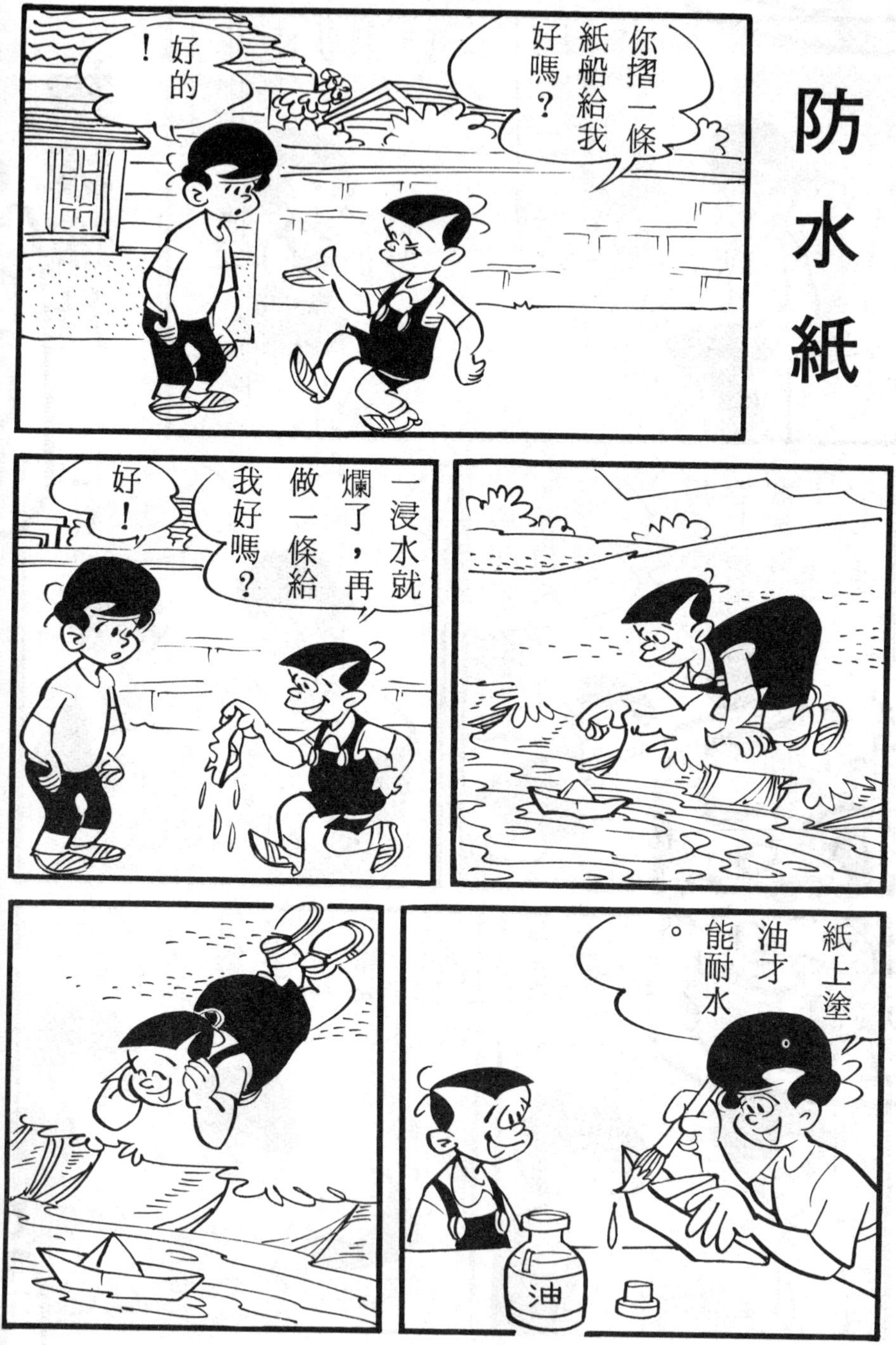
你摺一條紙船給我好嗎？
好的！
一浸水就爛了，再做一條給我好嗎？
好！
紙上塗油才能耐水。
油

治本方法

小明！我們去圖書館看書吧！
不行，我太忙了。
你忙什麼？
忙打蚊蠅！
你一輩子也打不完。
為什麼？
要撲滅蚊蠅，第一要先把環境弄乾淨。
垃圾要火化，水溝、廁所要消毒。

汽笛